目次

2E：障害のあるギフティッド
誤診を防ぐには学校や教師のギフティッド理解が必須
サヴァン症候群との違い

天才なのか？
90％以上は天才ではない
才能の開花に必要な、環境と才能領域以外の力
実存的うつ――特定の領域の才能に絞れないがゆえの困難
適切なギフティッド・イメージをもつ
「すべての子どもに才能がある」との違い
違う存在であることを認めて初めてスタートラインに立つことができる
スペクトラム――程度の違いが質の違い・根本的違いとなる時

# 第二章　ギフティッドかどうかの判定方法

判定基準は「困難」ではなく「才能」

## 第七章　ギフティッド児を育てる親の覚悟

図版作成／ＭＯＴＨＥＲ

# はじめに

「ギフティッド」。耳慣れない言葉と思う方もいらっしゃるかと思います。聞いたことがあるけれど、自分とは別世界の天才のこと、あるいは、あぁ、発達障害のことね、と思う方もおられるかもしれません。実は、そうではないのです、というのがこの本の趣旨の一つです。並外れた才能はあるけれども天才とは限らない（天才ではない人のほうが断然多い）、必ずしも発達障害を伴うとは限らない（別の次元のカテゴリーである）、2Ｅ（twice-exceptional：発達障害を伴うギフティッド児など。二重の意味で定型あるいは標準ではないことからくる）であっても、障害と才能が相互に隠し合うという点でサヴァン症候群（知的障害や自閉スペクトラム症等のある人々の中で、計算や音楽など特定の限られた分野で非常に突出した才能を発揮する人）とは異なる。そんな特徴に注目しつつ、ギフティッドの、特にギフティッドの子どもたちの理解をともに深めることができたらと思います。

## あるお母様の手記

ギフティッド児の支援についてあれこれ思いめぐらしている時に目にとまった新聞記事があります。2020年5月27日の「毎日新聞」のネット記事[*1]です。見出しには、「『わがまま、怠けていると誤解された』息子の障害　命がけの訴えを手記に」とありました。それは17歳5か月で自死した青年のお母様が書かれた手記に関する記事でした。ギフティッドは障害ではないのですが、なぜこの記事に目がとまったのかというと、ギフティッド児が受けやすい誤診の問題が私の頭にあったからです。ちょうどこの記事が出される少し前、2019年の9月に邦訳書『ギフティッド　その誤診と重複診断―心理・医療・教育の現場から』[*2]を上梓したところでした。記事を読んだ瞬間、「この子にはあの本が間に合わなかった!」と、涙がこぼれ出ました。新聞記事の文面から垣間《かいま》見《み》える母親の描く青年の様子が、翻訳した本に出てくる誤診されるギフティッド児と重なる部分が多いと感じたのです。このお母様は、息子さんの自死を発達障害という観点から理解しようと一生懸命でした。しかし、どうしてもわからないという苦しみも感じていらっしゃいました。

手記そのものは、このお母様が「2020 長野の子ども白書」に書いたものです。この白書は、長野県の教育の実態や課題について、いろいろな立場からの思いや意見が綴《つづ》られ、毎年春～夏頃に刊行されます。早速その白書を取り寄せ、手記全文を読みました。以下は、手記の中から特に私の心にギフティッドの文字が浮かんだ部分を引用したものです。[*3]

「幼児期、次男はじっとしていることができず、育て方が悪い、躾が悪いと周りから言われ、私は謝ってばかりいました。（中略）

小学校へ入学すると、（中略）耳からの情報や曖昧な指示が苦手、不注意で忘れ物、なくし物が多いので、担任から家に苦情がきたり、『先生に倉庫に閉じ込められて怖かった』という日もありました。（中略）特別支援クラスへとお願いしても『成績は優秀だから必要ない、愛情不足。毎晩絵本を読んであげて』と言われ、私はますます自信をなくしていきました」

「小4～6年まで（中略）息子は周りの空気が読めず、遊んでいると不意にみんなから注意されるようなことがあってもわけがわからず、とても困っていました。担任に伝えても、見た目が普通で勉強はできる息子の態度がわがまま、怠けと誤解されていたと思います。また先生の叱責すべてが自分の事だと感じて、恐怖からいつも緊張して目の下にクマを作り体にヘルペスができても頑張って登校していました」

「医療機関を受診すると、当時聞き慣れない『発達障害』と診断されました。（中略）息子は突然フラッシュバックに襲われ、何かにおびえるように頭を抱えました。（中略）フリースクール（では）（中略）ありのままの息子を認めてくれる愛情深い先生方や仲間が待っていて、（中略）息子は皆を笑わせて盛り上げ、小さい後輩たちからも慕われて楽しんでいました」

「教室の先生は『息子がみんなを盛り上げて元気にしている。年下の子どもたちが慕って待っている』と、必要としてくださいました」

「息子は傷つきながらも『学校に行きたい。友だちに会いたい』『でも先生には会いたくない』と言いました」

「6年生の時に授業で書いた作文の終わりには『一瞬でたくさんの命を奪った原爆はもう二度と使ってはいけないと思いました。昔、戦争でたくさんの人が死んでしまいました。

でもその人たちに比べて僕らは自分のやりたいことがいろいろできます。たくさんの死んだ人のためにも、どんなに辛いことや大変なことがあっても、がんばって生きていこうと思いました』と書いていました。（中略）

中学へ入学し、（中略）２年になるとクラスでは問題が多く、正義感の強い息子は担任がひどいいじめを解決せず親にも隠蔽したと激怒し、友人をかばってトラブルを起こしたり、仲間と一緒に担任に反抗するようになりました。このことでたびたび私は学校に呼ばれて謝りましたが、友だちを守ろうとする正義感の強い息子を誇りに思っていました」

「息子は真面目でしたが何度も教師に人格を否定されることに傷つき、そのたびに自暴自棄になり勉強も投げ出しました。

（中略）高校入学後（中略）身体能力が高い息子は、初めてやる運動種目なのに、エース選手になり、後輩に慕われているからと不本意にもキャプテンになり、とても重圧を感じていました」（カッコ内は著者による）

そして、お母様はこの手記を書かれた時点で、確信をもって次のように記しています。

「息子はいつも人を助け、励まし、笑わせて皆を幸せにし皆に愛されていました。頭の回転が早く、多趣味、手先が器用で折り紙が得意。穏やかで平和主義、純粋でまったく差別や偏見がなく、自分より人を大切にする思いやりの深い子でした」

まるで、このお母様は、ギフティッドのことをよくご存じのようだとさえ思いました。このお母様の確信は、息子さん自身が記したものの中で十分裏づけられています。遺書には、「勘違いしないでほしいのは、別にだれかのせいでこうなったとか、ではなく単純に未来に希望が持てなくなっただけ」と記されていたというのです。また、息子さんがまだ9歳だった時の作文も最後に載せられていました。

「おなかの中にいるとき元気になるようにあつい夏もがまんして歩いてくれてありがとう。あいじょうをもらったことにとてもかんしゃしています。小さい時、まいにち児どうかんや公園へつれていってくれてありがとう。赤ちゃんの時から毎ばん絵本を読んでくれてありがとう。だから本が大すきになったんだね。ここまでそだててくれて、ぼくをうんでくれてありがとう。これから楽しい思い出を作るよ。〈9才のぼくより〉」

今でもこの手記を読むと涙がこぼれるのですが、最初に読んだ時のショックはとても大きなものでした。居ても立ってもいられず、翻訳したての本を「長野の子ども白書」事務局を通じて届けていただきました。

その後、お母様から驚きと感動にあふれた手紙が届きました。この本はまるで息子のことが書かれているようだという内容のお手紙でした。そして、手記を新聞記事にされた記者の取り計らいで、お母様と対談することができました。その後にどのような展開があったのか、詳細は「ギフテッド応援隊」のホームページをご覧ください[*4]（「ギフテッド応援隊」は、わが子がギフティッドあるいは2Eかもしれないと感じている、または検査結果を見てそのように確信したという保護者の自助グループです）。

対談の際、お母様と記者から「この子（息子さん）はギフティッドだったのでしょうか？」と質問を受けましたが、これには正直困りました。私は「わからない」と返答する他ありませんでした。「ただ、ギフティッドに当てはまる特性が多すぎると思う」とお伝えすることはできましたが、それ以上のことは何も言えませんでした。なぜか。それは、「ギフティッド児とはどのような子どもを指すか」について世界でおよそ共通理解されている点は、「並外れた才能が潜在的にでもあるかどうか」の一点だからです。私が手記から感じとった、正義感や共感性の強さ、エネルギッシュさ、一見発達障害と見間違えるような言動や態度といった社会情緒的特性（性格や社会性、情緒など、認知的な特性以外の特性）は、ギフティッド児かどうかの判断基準にはなり得ないのです。

私の心に「ギフティッド」という言葉がよぎったのは、もちろん、この手記に「本が大すき」や「成績は優秀」「頭の回転が速い」「身体能力が高い」という〝才能〟の部分も併せて記されていたということもあります。ただ、それが〝並外れている〟かどうかは、まったくわかりませんでした。よくいる「優秀な子」という範囲にあるだけかもしれません。それでも私の心に「ギフティッド」ではないか、という思いがよぎったのは、それらの「優秀な子」とも言える特徴とともに、前述のような社会情緒的特性が併記されていたからです。これらの社会情緒的特性は、ギフティッドの定義とは位置づけられていませんので、すべてのギフティッド児に当てはまるわけではありません。しかし、ギフティッド児の多くに見られる特性として位置づけられていることは確かです。

ギフティッド児はその秘めた才能を幼少期から十分発揮しているかというと、まだ子どもであるがゆえにそうではないことがほとんどです。ですので、その才能が〝並外れている〟かどうかは、表面上発揮されている才能の程度では判断できません。そのため、子どもの場合は特に、「知的な聡明さとともにこのような社会情緒的特性がギフティッド児の多くに見られる」という理解が非常に重要になります。

## 知的優秀さと社会情緒的特性からギフティッドの可能性に目を向ける意味

知的優秀さはギフティッド児の顕著な特性の一つです。特に「本が大すき」とあえて言いきれるほどの本好きは、ごく幼少期から見られるギフティッド児の高い知性の一つと考えられています。[*5] このようなギフティッド児の特性を少しでも知っていると、知的優秀さとともに前述のような社会情緒的特性をもつ子どもに対して、「この子はギフティッドかもしれない」という眼差《まなざ》しを向けることができます。

ギフティッドかどうかをはっきりさせるためには、何らかの検査や才能の根拠が必要です。たとえば知能検査は特に知的な才能の秀でた「知的ギフティッド」であるかどうかを判断するための有力な材料の一つです。ところが、ギフティッドの可能性が頭をよぎった時、知能検査をはじめ、何らかの客観的な判断材料となる情報を得るのはそう簡単ではないのが、今の日本の現状です。ただ、ギフティッド児に見られるとされる社会情緒的特性が多く当てはまる時、ギフティッドかどうかはっきりしない段階であっても、その子を理解するうえで「障害」とか「風変わり」という枠組みだけでなく「ギフティッド」という枠組みも取り入れ、その子を理解したり教育環境を見直したりしようとすることは、実際問題として非常に大切で有意義なプロセスとなります。

お母様との対談の後、息子さんが小学４年生の時に受けていたＷＩＳＣ《ウィスク》（ウェクスラー児童用知能検査：現在世界でもっとも広く使われている個別式知能検査）のＦＳＩＱ（Full Scale IQ：全検査ＩＱ。いわゆる知能指数〈ＩＱ〉に相当するもの。全般的な知的能力の高さを示す）が１２４だったことがわかりました。これは、「マイルドリー・ギフティッド」のカテゴリーに入ります。私が対談で「お聞きしたお話からだけでは、ギフティッドに当てはまる特性が多すぎるとは言えるけれども、ギフティッドかどうかについては、判断できない」と申し上げたところ、お母様が思い出の詰まったいろいろな物をひっくり返して知能検査結果を探し出してくださったのです。

ＦＳＩＱによりギフティッドをいくつかのカテゴリーに分けることがあります。目安として、１１５〜１２９がマイルドリー、１３０〜１４４がモデレイトリー、１４５〜１５９がハイリー、１６０〜１７９がエクセプショナリー、１８０〜がプロファウンドリー・ギフティッドとされます。[*6] このカテゴリーは、知的レベルの優劣を示すと解釈すべきではなく、同じ「ギフティッド」の中に、非常に多様な子どもが含まれると理解する必要があります。たとえばマイルドリーとプロファウンドリーとの間のＦＳＩＱの差は65以上になることがあり、これは、ＦＳＩＱ70と１３０との間の差以上の質の違いがあることがわかります。

## ギフティッドの可能性に気づく入り口は「才能」ではなく「困難」や「違和感」

このお母様の手記に始まる一連の経緯が「ギフテッド応援隊」のホームページに掲載さ

れると、非常に多くのギフティッド児（あるいはギフティッドかもしれない子ども）を育てている保護者の方からの共感が寄せられたそうです。この共感は何に対する共感なのでしょうか。それは「ギフティッド児とはどのような子どもを指すか」に直結する、知的に優秀であったり運動能力が優れていたり、何でもたやすく習得できるという特性への共感ではありません。もちろんそれらももち合わせているうえでの話ではありますが、共感の向けられる先はむしろ、生きにくさ、育てにくさ、学校をはじめとする社会からの理解の得られにくさなのです。

ギフティッド児を育てる保護者の悩みは普段の生活ではなかなか共感を得られない、というのが現状です。乳児期から見られる感覚過敏や傷つきやすさをはじめとする繊細さ、エネルギーが有り余っていてどうにも多動としか思えない、興味の対象が他の子と違ううえに、その強烈な興味関心のもち方は「こだわりがある」と言われると否定できない、なんとなく孤立している……、そのようなことが、ギフティッド児を育てる親の頭には常に引っかかっています。しかし、これらの心配事に共感してもらえることは滅多にありません。むしろ、周囲からは「そんなこともできるの？　すごいわねー」と言われるばかりなのです。一方、この「すごい」という言葉は、当の親の耳にはあまり残りません。ごくごくありふれた、子ども同士を認め受け入れ合う温かな言葉に感じることが多いのです。特に第一子の場合は、わが子の優れたところに関しては「普通、そんなものだろう」という感覚が生まれやすく、それがあまり特別だとは思えなかったり、ほとんど気にとまらなかったりします。むしろ、育てにくいところ、「なんだか他の子と違う」ところにばかり目が向き、改めて周囲の子どもを見ると、やはりわが子は何か違うという確信を徐々に強めていきます。

それでも小学校入学前は、幼稚園や保育所のゆったりとした時間配分であったり、子どもの興味関心に基づいた保育に力を入れている園だったりすると、そのような環境のもとで、表向きは大きな問題もなく過ごせたりもします（もちろん、この時点で大きな壁に直面する子もいます）。表向き大きな問題がなくても、親の目には「他の子と違う」点が見えてしまいます。「上履きを嫌がる」「保育園では緊張していて家での様子とまったく違う」など敏感さや繊細さが目につき、他の保護者に聞くと、自分の子は特に嫌がってはいないとか、家と園での様子は大して変わらないなどの返事が返ってきて、ますます「違う」ことがはっきりしてしまうような状況に追いやられます。さらには、「お友だちと遊ばないで絵本ばかり読んでいる」「お人形で遊ばないで、時計ばかりいじっている」なども親にとっては非常に心配な様子に映るのですが、それを他の保護者に話すと、「え？　もう絵本を自分で読めるの？　時計を読めるの？　すごい。うちなんか、ぜ〜んぜん。そんなことできないからお人形で遊んでるのかも〜」といった返事が返ってくるわけです。このようなことが度重なると、「なんだか自慢しているような空気になるから、ママ友への相談はやめておこう」となり、保護者同士の他愛もない会話で「うちも！　うちも！」と盛り上がることもできず、非常に孤独な中での子育てとなっていきます。

そうこうしているうちに小学校入学となり、多くの場合、ここで大きな壁に直面します。今はスタートアップ・カリキュラムなどで、1年生が学校生活にスムースに慣れていけるような工夫がなされるので、壁に遭遇する時期はいろいろですが、本格的な教科学習が始まると間もなく、その壁が現れます。「授業中、先生の話を聞けない」「授業中、席に座っていられない」「宿題をやってこない」「ルールに従えない」「お友だちと協力できない」。そして、「学校に行きたがらない」……。先生が何回注意しても直らない、ますますひどくなるような時、あるいは、保護者や先生が工夫しても学校へ行けないという事態が生じた時、おそらく周囲の大人は「障害児ではないか？」と心配し始めます。そのため「一度お医者さんに診てもらうように」「検査を受けるように」と学校から勧められたり、そうでなくても保護者が限界を感じて検査を希望し、種々の検査の一つとして知能検査を受けるということになります。その時初めて、親はわが子の知能が非常に高い（FSIQ130以上）という結果を突きつけられます。ところが、これまでの日本では多くの場合、FSIQが130以上の時は、「知能には問題がありません」と言われるだけでした。個々の指標得点間の開きが大きすぎることを指摘されることはあるかもしれません（知能検査結果として得られるのは、総合的な知能であるFSIQだけでなく、たとえばWISC－Ⅴでは、言語理解、視空間、流動性推理、ワーキングメモリ、処理速度といった、知的能力の種類別の得点が指標得点として算出されます）。知能が非常に高いという結果に保護者はいろいろな意味でショックを受け、そのことについて調べ始めます。わけがわからないままにインターネットで調べていると、「ギフティッド」というなんだか聞きなれない言葉に出会い、まるでわが子がそこに描かれているかのように感じられる特性が記されていることを知ります。そして、これまでのわが子をめぐるあらゆる気がかりが、実はこの知能の高さと無関係ではなかったとわかり、点と点が一瞬にして線でつながる感覚を経験します。そして、その時からギフティッド児の保護者として、その理解と支援を学校や社会、医療の現場に求め始めます。

このように、「ギフティッド」という概念に出会う入り口は実は才能ではなく、親としての困難や引っかかり、違和感であることが少なくありません。

## すべてのギフティッド児が深刻な困難を経験するわけではない

ただし、すべてのギフティッド児の親が気がかりや困難を感じているのかというと、そうではありません。「どのような子であっても子育ては大変だよね」という範囲での苦労や困難はもちろんありますが、「何か、おかしい」と悩むことまではなく、幼稚園、小学校にあがり、そして、中学、高校へと進んでいくギフティッド児もいます。たとえば、幼少の頃から性格が穏やかで度量が大きいギフティッド児もいます。このようなギフティッド児はその穏やかさに支えられ、学校生活で過度に深刻なトラブルを経験することなく、さまざまな場面で活躍し、成長していきます。また、ギフティッド児本人は決して穏やかとは言えない性格であっても、学校が非常にフレキシブルで、先生も友だちも互いのよさを認め合い受容的である時、その環境に支えられて生き生きと成長していくこともあります。そのような子ども、またその保護者は、困難の原因を探るための検査を必要とすることがないため、ギフティッドかどうかを判断できるような検査を受けることは、今日の日本では、まずないでしょう。もっと言えば、死ぬまで自分がギフティッドであるかどうかなど知ることはないでしょうし、周囲が知る術《すべ》もないということになります。実際、小・中・高校時代、ノートを取ったこともないのに東大に楽々合格するような頭脳の持ち主で、級友から慕われ頼りにされ、成人後もとある分野をけん引するような立場にあり、「次はノーベル賞だね」と周囲で噂《うわさ》されているという方もいらっしゃいます。ただ、何らかの検査をして「ギフティッド」だと判定されているわけではないので、「今思えばギフティッド児だったのだろうね」「きっとギフティッドなのだろうね」という想定での話となるのです。

## ギフティッドかどうかの判定が必要なのは子どもが困難を経験している時

日本の場合、才能は非常に秀でていても困難がない場合、その子がギフティッドかどうかを何らかの基準に照らし合わせて判断する機会はありません（ギフティッド教育制度がある国では、ギフティッド児のための学校やクラスへの所属の可否を決めるために、才能がある子は困難がなくてもギフティッド判定のための一連の検査や評価を受けるのが一般的です）。

ギフティッドの判定は、子どものニーズと教育との間にギャップが生じている際に必要となるという見解があります。[*7] この見解を今の日本に当てはめると、子どもにとって大きな困難がなければ、ギフティッドかどうかを知る術もその必要性を感じる機会もないという現状でよい、いや、それがよいということになるでしょう。ギフティッドかどうかは並外れた才能や素質の有無が判断基準となりますが、並外れた才能のある子が今身を置く環境で元気に生き生きと力を発揮できているのであれば、ギフティッドであるかないかなど考える必要はありませんし、ギフティッドであることが明確になったからといって何か事態を大きく改善しなければならないわけでもありません。その基準の適用とギフティッドという概念に基づいた介入が求められるのは、その子に何らかの困難が生じている場合です。なぜなら、特に学校においてギフティッド児が大きな困難に遭遇する、ひいては不適応に陥る時、その原因をギフティッド児の秀でた才能と切り離しては考えることができないためです。そして、ごく最近までの日本は、その困難や不適応の原因に秀でた才能が大いに関係するとは想像もできていなかった、障害の枠組みしかもち合わせていなかったと言ってよいでしょう。

# 第一章　ギフティッド（児）とは

## およそ共通理解されていること

ギフティッド児とはどのような子どもを指すのでしょうか？　これには世界各国、地域でいろいろな考えがあり、また、時代とともに移り変わるという難しさがあります。時代による大きな変遷としては、アメリカの心理学者ターマン（Terman, L. M.）による1920年代の高知能児追跡研究と比べて、現在のほうがより広範囲の才能や特性をギフティッドという枠組みで捉える傾向があります。具体的なものとしては、知能指数だけをギフテッドであるかどうかの判断基準とするのではなく、もっといろいろな才能を視野に入れるべきだという考え方が広がってきています。そのような傾向はありますが、捉え方としては、おおむね以下の点が共通理解されていると考えてよいでしょう。これはアメリカの教育省から1972年に出されたマーランド・レポート[*1]に基づくとされています。

●並外れた才能ゆえに高い実績をあげることが可能な子ども。
●実際目に見えて優れた成果をあげている子どもだけでなく、潜在的な素質のある子どもも含む。
●才能の領域：知的能力全般、特定の学問領域、創造的思考や生産的思考、リーダーシップ、音楽、芸術、芸能、スポーツ。
●資格を有する専門家（現在は医師、心理師〈士〉、教師、芸術やスポーツの専門家なども含まれる）による判定が必要。

これを見てお気づきかもしれませんが、ギフティッドかどうかの判断基準には才能という概念のみが含まれ、困難や障害という概念は入っていません。つまり、日常的に困難があるかどうか、ＡＤＨＤ（注意欠如・多動症）などの発達障害があるかどうかは、ギフティッド児であるための条件にはなっていません。

## 障害児なのか？

ギフティッド児は障害児ではありません。ところが実際は、ギフティッドは障害の一つのカテゴリーだと誤解されたり、「知能の高い発達障害の子だ」と誤解されたりします。これらの誤解の背景にはさまざまな原因があるように思われますが、その一つとして、ギフティッド児の見せる様子と発達障害のある子どもの見せる様子が一見したところ酷似しているという点があげられます。特に日本では、保護者をはじめ周囲の大人が「この子はギフティッドかもしれない」という思いに至る入り口が、困難や育てにくさにあるという現実もあります。もちろん、すべてのギフティッド児がそのような様子を見せるわけではありませんが、さまざまな要因が重なり、発達障害のある子どもと似た行動を、特に学校や幼稚園・保育所で見せるギフティッド児もいます。

以降は、ＡＤＨＤ、ＡＳＤ（自閉スペクトラム症。以前のアスペルガー症候群を含む）を例にあげ、それらの障害のある子どもとギフティッド児の見せる行動との表面上の類似点と根本的な相違点とについて考えていきたいと思います。

### ◎ADHDとの違い

Aくんは小学1年生です。1学期に学校が怖くなってしまったことがあるので、先生もすぐにAくんを注意するのではなく、その様子を観察することや、命にかかわる問題でなければ見守ることを大切にしながらかかわろうと努力しています。最近、Aくんは算数や国語の時間、教室横のオープン・スペースで一人縄跳びをしています。また、教科書とは別の本を読んだり、ノートに落書きしていることもあります。机をひっくり返し、その脚を鉄棒代わりにすることもあります。そうかと思えば、カラーテープをどこからかもち出してきて、机の上に高く幾何学的なタワーを作り上げることもあります。お友だちが「ダメなんだよ」と注意してもお構いなしです。聞こえていないようにも見えます。それなのに、座席順に音読する際には、不思議とできてしまいます。音楽の時間は先生にしがみついて離れず、先生によじ登ることもあります（木登りは大の得意です）。先生と一緒にピアノを弾くこともあります。体育は大好きで、しっぽとりゲームではビュンビュン走り回り、相手にお尻を向けないように作戦を練ったりもします。生活科の時間は、お友だちと一緒に大好きなアルパカのお世話に精を出しています。アルパカがどのクローバーが好きなのかを考えて、いつもアルパカが食べている場所のクローバーを小屋にもって行ってあげます。お散歩ではいつもリードを持ちたいのですが、みんなも同じ気持ちだろうと思うと言って順番を守ります。リードを持てない時は、アルパカの首をギューッとハグしながら歩きます。翌日の学校の準備はお母さんと一緒に確認するので忘れ物はありませんが、問題は学校から家に帰る時です。家でランドセルを開けると空っぽの日もあります。

「授業中に座っていられない（ように見える）」「先生の話を集中して聴くことができない（ように見える）」「忘れ物が多い」「活動性過多」「ボーッとしている（ように見える）」という様子が当てはまるようなギフティッド児がいます。そして、何度注意してもその様子が変わらない時、「ADHDではないか?」という心配が先生や保護者の中に生まれるかもしれません。実際、落ち着きのなさ、不注意、衝動性、活動性の高さ、白昼夢（空想や想像にふけったり自分の世界に入りきってしまって、心ここにあらずのような状態になること）は、

DSM－5（精神疾患の診断・統計マニュアル。アメリカ精神医学会による精神疾患の診断分類改訂第5版。世界で診断基準として用いられている）にADHDに関連する行動としてあげられています。

そのような時、その子に次の様子が併せて見られるのであれば、問題となっている行動をいったんギフティッドの枠組みで理解してみることも意味があるとされています。[*2] ギフティッド児の特性と考えられる様子の例として、以下にいくつかあげてみます。

●座っていられないのは、給食も含めほぼすべての時間に当てはまるわけではなく、特定の教科や特定の教師の場合に限られている。
●ADHDのように感じられる行動は、公教育の開始とともに、あるいは公教育の環境の下でのみ見られる。
●学校以外の家や図書館（本を読んでいる時）、博物館などでは、じっとしていられないとか集中できないという問題が見られない。
●「どうして座っていないの？」とその子に尋ねた時、その子自身もなぜだかわからないという反応を示すのではなく、「だって、とっくにできてしまったんだもん」「つまらないから」「時間の無駄だと思う」「〇〇していたほうが楽しいから」などのように、その子の年齢なりに筋の通った理由を言葉で説明できる。

●「お家《うち》では何かに集中して座っていられる時はありますか?」と保護者に尋ねると、「本を読んでいる時は、いくらでも集中して座っていられます」という返答が即座に返ってくる。読書でなくても、ブロック遊びなど、能動的に思考しながらの活動に45分以上集中して取り組むことができる。

●興味関心の程度が同じくらいの活動や課題であれば、注意を向ける方向をそれらの間で行ったり来たりできる(いったん注意が削《そ》がれた課題に再び戻ることができる)。

日常的なその子の様子を少しだけ注意深く見ると、これらに当てはまるかどうかはだいたいわかるでしょう。特に、最後にあげた「注意の行き来ができる」という点は、ギフティッド児の見せる高い集中力とＡＤＨＤ児の見せる過集中と言われる様子との混同を防ぐうえでも大切な観点です。ＡＤＨＤ児の過集中と言われる行動は、「アクション映画，スポーツイベント，コンピュータゲームなど，刺激が強く変化の速い事柄のなかで起こる傾向が高い」[*3]とされています。また、ADHD児の過集中の原因となっているものの一つに注意を一つのことから別のことへ移すことの困難（保続）があります。一つのことへ能動的に集中するというよりは、その刺激から受ける報酬のとりことなる状態です。注意を移すことができないがために一つのことに集中し続けるというパラドクシカルな現象となります。それに対して、ギフティッド児が一つのことに集中している時は「フロー」[*4]と呼ばれる、積極的で肯定的に高揚した感情とともにそこに熱中し最大限の力を発揮できている状態であったり、すぐに報酬が得られなくても自分が目指す方向に向かい意志をもって試行錯誤を続けている状態であったりします。

脳神経科学の研究を通しても、表面上は似て見える行動の根本原因が異なるという知見が得られています。ADHDとギフティッドの違いを直接比較検討した研究を見つけることはできていませんが、それぞれについての研究成果は蓄積されてきています。そして、それらを読み合わせると、その差異の解明につながると思われる特性が複数見つかります。

まず代表的なところでは、ギフティッドの幼児期〜青年期までの大脳皮質の厚みの発達的変化を捉えた研究があります。[*5] 大脳皮質は、運動、言語、視覚、聴覚、認知、思考、感情、理性などの働きの中心となる部分で、その厚みが知的な能力とも関連していると言われています。この研究では、3・8〜25・4歳の307名を対象に個別式知能検査を実施し、FSIQの高さで子どもを三つの群——非常に高い群（S）：FSIQ121〜149、高い群（H）：FSIQ109〜120、平均的な群（A）：FSIQ83〜108——に分け、大脳皮質の発達曲線を比較しました。[*6] ここでは「非常に高い群」が「知的ギフティッド」に相当すると考えられます。次ページの図は、大脳の右上前頭回の皮質を例に、各群の発達的変化を示したものです。大脳皮質全体の傾向としてまとめると、「非常に高い群」の皮質の厚みは、幼児期、児童期において、「高い群」や「平均的な群」と比較して薄い状態にあり、11〜12歳頃まで急激に増加します。厚みのピークを迎える年齢を比較すると、「平均的な群」が5〜6歳（図の範囲外）であるのに対し、「高い群」で8・5歳、「非常に高い群」で11・2歳と、その年齢が高くなることが示されました。その後、青年期後期にかけて、「非常に高い群」では急激に薄くなり、群間の差が小さくなります（なお、発達心理学では、青年期は10代、20歳は成年期前期と位置づけられます）。このように、ギフティッド

**右上前頭回の皮質の発達的変化**

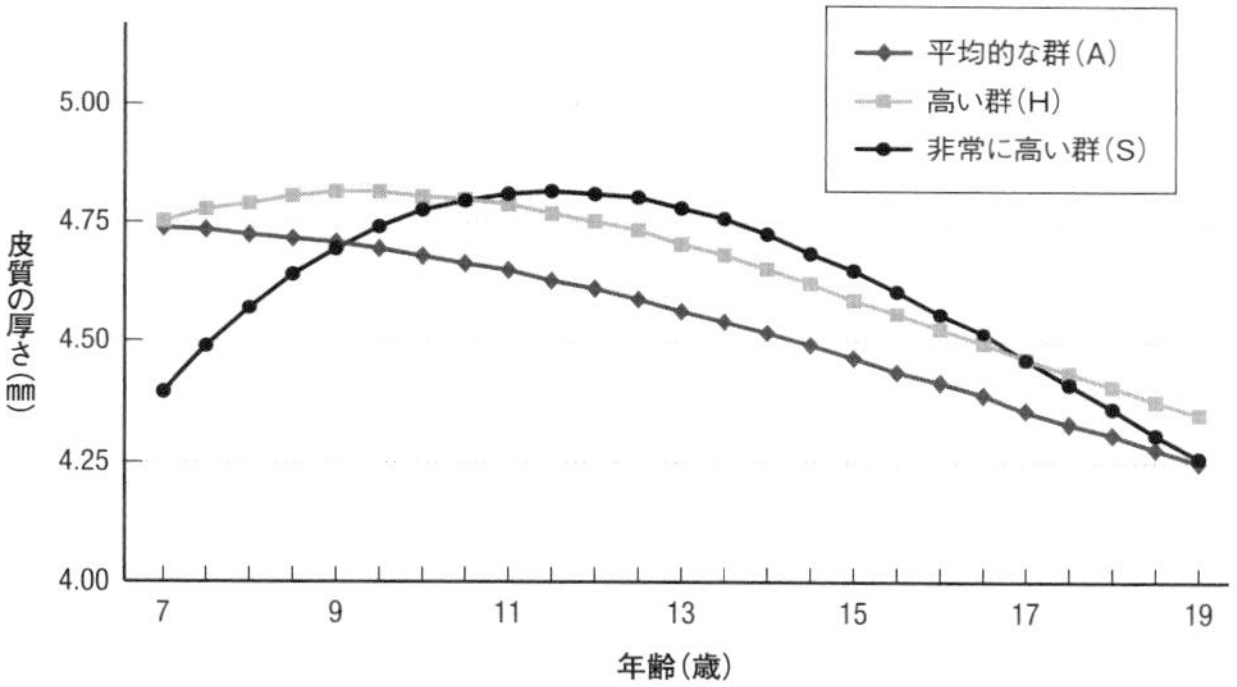


Shaw, P., Greenstein, D., Lerch, J., Clasen, L., Lenroot, R., Gogtay, N., Evans, A., Rapoport, J., & Giedd, J. (2006) Intellectual ability and cortical development in children and adolescents. *Nature* 440: p. 677 Figure 2 a を元に作成

児の大脳皮質の特徴として、その可塑性の高さと、厚みのピークに達する年齢が標準よりも遅いという特性が示されています。

一方、ＡＤＨＤ児の脳の発達を捉えた研究もあります[*7]。これらの研究からは、まず、ＡＤＨＤ群と標準（定型）群の脳の容積に基づいた発達曲線は平行、つまり、容積の変化速度は同じでありつつ、一貫してＡＤＨＤ群では脳の容積が小さいことが示されています[*8]。

このように見ると、ＡＤＨＤ児もギフティッド児も、児童期までは定型児と比較して大脳皮質の厚みが薄い傾向にあるという共通点がある一方、ギフティッドの脳の大脳皮質の厚みの増し方は急激であるのに対し、ＡＤＨＤの脳の増し方は定型群と同じという点に違いがあります。また、思春期・青年期以降の脳の発達を比較すると、ADHD群では大脳皮質が薄くなるペースが遅いのに対し、ギフティッド群の脳の大脳皮質は急激に薄くなります。[*9] やはり、ギフティッドの脳は可塑性が高いという点に独特の特性があるとわかります。[*10]

他にも、ギフティッドの脳では、神経細胞同士をつなぐ連絡通路の役割を果たす白質領域が広いことや、[*11] やりがいのある課題に取り組む際に脳の両半球が活性化することなども示されています。[*12] 脳神経科学の研究は今後ますます発展し、より本質的なギフティッド児の特性理解につながるだろうと期待できます。

## ◎ASDとの違い

Bちゃんのお母さんは、Bちゃんが0歳の時から「なんだか他の子と違う」と感じていました。昼間は寝ない子でした。というよりも、授乳後いつも30分経《た》つと、「ギャーッ」とまるでどこかが痛むかのように泣き叫んで起きるのです。最初は具合が悪いのかと思い、小児科にも相談に行きました。1か月検診でも相談しましたが、いずれも「体重が増えているから大丈夫」と言われるだけでした。

生後2か月頃には時計をジーッと見てはニヤニヤしていました。そして、チャイルドシートに乗せると1時間でも泣き続けました。「チャイルドシートに乗せると最初は泣く子もいるけれど、そのうち『そういうものだ』と赤ちゃんが悟って泣き止《や》みます」と言われたり本に書いてあったりしたのですが、Bちゃんにはまったく通用しませんでした。ある日、チャイルドシートで泣き続けるBちゃんにお母さんのほうが根負けして休憩を取り、外も暑いのでと近くのお店に入りました。入ったお店の時計売り場に連れて行くと、今までのギャン泣きがウソのように、キャッキャと喜んで手足をバタバタさせるのです。お母さんは、Bちゃんの機嫌が直ったと思い再びチャイルドシートに乗せましたが、Bちゃんは帰宅するまで火のついたように泣き続けるのでした。

3か月検診でいただいた絵本をお母さんが読んであげると、Bちゃんは脚を何度も伸び縮みさせて喜び、一心に絵本に見入っていました。一方、赤ちゃんの喜ぶおもちゃ（紙が破れる音のするおもちゃや風船など）を怖がったり、掃除機を怖がるのでお母さんはいつも抱っこをしながら掃除機をかけなくてはなりませんでした。1歳頃には、洋服についているタグは痛がって自分の手で取ろうとするので、全部切り取ってあげなくてはなりませんでした。指さしも、親が指したほうを見ているような気もするけれども、別の何かをジーッと見つめているように感じることが多々ありました（指さしができるかどうかは、ASDかどうかの一つの判断材料とされています）。さらに、家ではものすごく元気で活発、お母さんお父さんとのやりとりに何の問題もないのに、子育て支援の遊び場に行くと、ジーッと固まって様子を見ていることが多く、おもちゃでは遊ばずに部屋の隅に貼ってあるアンパンマンの絵を触ったり見たりするだけでした。お母さんはそんなBちゃんを見て、「もっと、他の子のように遊べばいいのに」と感じていました。また、Bちゃんはうさぎが大好きで、3歳になる前から「これ（自分は）、うさちゃんなの。Bちゃんじゃないの。ぴょんぴょん。ぴょんぴょん」と言って、うさぎになりきって部屋中を飛び跳ねたりしていました。その時のBちゃんの目が、もう明らかに「なりきっている」様子だったので、お母さんは少し怖くもなりました。

保育園に入ると、Bちゃんの感覚過敏や集団から外れる様子に、お母さんはますます気がかりがつのるようになってきました。園指定の運動着は「ボカボカするから嫌だ」と言って着ようとせず、無理やり着せて登園すると、寒い冬でもパンツ一丁で園から出てきて、お迎えに行ったお父さんを驚かせたりもしました。上履きも嫌がり、「はだしで走り回っていて、注意をしても聞こえないようなのです」と言われることもありました。砂遊びに夢中になりすぎて先生の声が聞こえず、大声で呼ばれて初めて気づき、その声の大きさに怒られたと思って泣き出すこともありました。保育園の先生からは、「耳からの情報よりも視覚優位ですね。ですから、今日からBちゃんには絵カードを使うことにしました」と言われたりもしました。お母さんがお迎えに行くと、Bちゃんはいつも一人で絵本を読んでいて、みんなが「虹だ～！　きれい～！」と窓際に集まって叫んでいても、一人絵本を読みふけっていました。お母さんに気づくと「これ読んで」と言って必ず1冊もってきます。お母さんが戸口のところで読んであげていると、お友だちも何人か集まってきて、一緒にちょっとした読み聞かせの時間になります。そんな時Bちゃんはとても嬉《うれ》しそうで、得意げな顔をしていました。また、給食前に椅子を引いて座ろうとしたちょうどその時に紙芝居が始まると、Bちゃんはそのままの姿勢で微動だにせず、紙芝居にくぎづけになりました。他の子は早く給食を食べたくてうずうずしているのに、Bちゃんはむしろ、ずっと紙芝居を読んでもらっていいたい、という風でした。

お母さんは、家や園での様子が気になり、感覚過敏はアスペルガーの子に見られるという情報や、早期発見早期介入が大切という情報を知り、地域の発達支援センターでの検査と診察を依頼しました。発達検査の結果は数値が非常に高く、検査を担当した臨床心理士や支援員からは、診察は受けなくてもよいのではないかと言われましたが、お母さんは医師の意見を聞きたいと思い、受診を希望しました。医師に日頃の気がかりなどを全部話して、このような子はよくいるのかとか、今後の対応の仕方なども教えてもらいたいと考えていたのです。ところが、いざ診察の当日、それはあっけなく終わりました。Bちゃんが遊んでいるすぐそばで10分程度、お母さんが日頃の気がかりを話し、「アスペルガーではないかと心配です」と言うと、医師は、「まぁ、なんとかわいらしいお子さんでしょう。そうね、アスペルガーと言えばアスペルガーと言えなくもないですけど」と一言つぶやきました。それで終わりでした。支援員にお母さんが「今後、この子もケアを受けることはできるのでしょうか？」と尋ねると、「今は、発達検査の結果がもっと低い子でいっぱいで……。何もできません。申し訳ございません」と言われ、「診断名：アスペルガー症候群」と大きく印刷された紙を一枚受け取って帰宅しました。その後、発達支援センターからお母さんのもとに連絡が入ることはありませんでした。

今、Bちゃんは、頭の回転が速く、友だちが「おもしろそう！」と思わず惹《ひ》きつけられるような遊びを生み出すことに長《た》けていて、正義感や共感性が非常に高く、思いやりの深い頼もしい小学生になっています。クラスを和ませたり周りをほっこりとさせるようなユーモアをもち、自分が先生に怒られることも厭《いと》わず友だちをかばうこともあるため、クラスメイトからとても頼りにされているようです。特定のグループにとらわれずに友だち思いであるため、休み時間は、Bちゃんの周りに自然に友だちが集まってきます。

そのようなBちゃんについて、お母さんは、次のように話してくださいました。「この子が学校での友だち関係に比較的苦労しないのは、もちろん、この子の性格によるところが大きいのかもしれません。ただ、それ以外にも、この子と同じように世界を見たり感じたり味わったりおもしろがったりするような、言ってみれば似た子が割と多くいる学校に通うことができているからだとも思います。というのも、別の学校の友だちのほうが多い習いごとの時には、親からすると心なしか保育園時代を思い出してしまうような、一人ぎこちなく外れているなぁ、浮いているなぁと感じる場面を見ることが割とあるからです。この子はきっと、友だちが自分と同じように世界を見たり感じたりしているのか、それとも違うのかをとても敏感に感じとっていて、それに合わせて周りとのかかわり方を変えている、あるいは変わってしまっているのかもしれません。そして、自分と同じように世界を見たり感じたりしている仲間がいるという安心感をもてると、この子の正義感や思いやりが引き出され、よい循環になっているのだなぁと感じます」

「お友だちとうまくかかわれない（ように見える）」「感覚過敏がある」「何か少し風変わりな雰囲気がある」「（同年齢の）多くの子とは興味関心がちょっと違う」と感じ、それが大人の想定の範囲を超えるような事態になると、「ＡＳＤかもしれない」「アスペルガーかもしれない」という心配が頭をよぎるかもしれません。

そのような時は、次の点に注目することが重要とされています。[*13]

●興味関心が似ている人（子どもとは限らない）とであれば、双方向のやりとりができたり、表情などの言葉以外のサインにも敏感に反応する。

●共感性が高い場面が多い。共感性が乏しいと感じられる場面もあるが、それはその子自身が何らかの強い目的をもって何かに熱中している時である。

●興味関心のある特定のことについて膨大な知識をもち合わせているという点のみ、ASDのように見えると感じ、それ以外にASDのように感じることはない。

●暦年齢相応かそれよりも高い協調運動能力の発達が見られる（身体《からだ》のいろいろな部位の動きの調和がとれていてスムースである、バランスを保てる、手先の器用さなど、細かなコントロールを必要とする動きができる）。

●他者の感情や対人的な状況について洞察できる。

●友だち関係がうまく作れない時には、本人がそのことを自覚していたり悩んでいたりする。

●自己理解力が高く、自分の行動が周囲に与える影響を理解できる。

●新奇な状況や抽象的な概念・課題を好む。

聡明さとともにこれらの様子が見られる時は、障害とは別の観点からの理解が必要となるだろうとされています。アメリカのギフティッド児の社会情緒的支援を先導してきた心理学者のウェブ（Webb, J. T.）らは、以下のように強く警鐘を鳴らしています。

「残念なことに，臨床家の多くは，よかれと思ってのことではあるが無知であるがゆえに，社会的に不器用な人，場の空気を読むのが苦手な人，社会的状況から外れているような人に，アスペルガー症候群の診断を多く下しすぎる。実際，アスペルガー症候群者には，障害ゆえに相当の支障が生じ，それは単に社会的に不器用だとか，普通と違う，厄介者というだけでこの障害を当てはめることは適切ではない。にもかかわらず，社会性の面で困難を示す人に対して，すぐにアスペルガー症候群の診断に飛びつく風潮すらある。（中略）アスペルガー症候群者は（中略）むしろ，種々の社会的状況に般化する能力や，他者の視点に立つ能力に際立った制限がみられる。その支障の程度は，くせのあるギフティッド者が時折見せる社会的な不器用さの範疇をはるかに超えている。アスペルガー症候群の診断に関する我々の強い懸念の1つは，この重い診断があまりにも自由に不用意に使われているということである」[14]

日本の幼稚園や保育所、学校では、周囲の大人の想定どおりには同学年の友だちとの関係を作れない、集団からはみ出る、オタクっぽくて風変わりだなどで、「あの子はグレー」という眼差しが向けられることが少なくありません。「グレー」というのは、診断こそ求めないものの、その子を理解する枠組みとしてＡＳＤやアスペルガー症候群などの障害を想定してしまっていることをあからさまに表している言葉だと言えるでしょう。

ギフティッドとＡＳＤとの違いは、その脳の構造的・機能的特徴からも示されつつあります。[15]たとえばＩＱの高い（１２０ないし１３０以上）子どもは知的ギフティッドと呼ばれますが、その能力の高さは脳の大きさ、ひいては脳の灰白質や白質の広さが関係しているとされています。ただ、それは単純に大きければよいというのではなく、効率的な情報処理が可能となるように神経同士が結びついている必要があります。[16]ＡＳＤの脳も大きいのですが、知的ギフティッドとは異なる発達の遅れが見られます。そして、大脳皮質の中を縦方向に走る神経細胞が柱状に並びミニ円柱を構成しているのですが、このミニ円柱が小さく散在し複雑になっていることが遅れの原因である可能性が指摘されています。[*17] 対する知的ギフティッドの大脳皮質では、一つの神経細胞につき、情報となる電気信号を受け取る役割をする樹状突起が少なく、非常に効率的な情報処理が可能な状態となっています。白質も同様で、知的ギフティッドの白質は大きいのですが、それだけでなく、同じ方向に平行に神経が走り、信号伝達スピードを速める髄鞘《ずいしょう》化が進んでいます。つまり、白質内で領域間の情報の行き来が素早くスムースになされるような神経細胞の状態になっています。[*18]

脳の発達という観点からは、ＡＳＤの脳は生後1年の間に非常に大きくなり、幼児期までは標準的な子どもの脳よりもかなり大きい状態にあること、その後は、標準的な脳の容積は大きくなり続けるのに対し、ＡＳＤの脳の容積は徐々に小さくなっていくことが示されています。[*19] そして、8歳以降で標準的な脳よりもＡＳＤの脳のほうが容積が小さくなるという結果もあります。[*20] これらが前述のギフティッド児の脳の発達と大きく異なることは明らかです。

1歳までの急激な脳の容積の発達がＡＳＤの早期発見につながるだろうとされています

が[*21]、これは同時にギフティッド児の誤診を防ぐことにもなるだろうと期待できます。脳神経科学研究の蓄積が、発達障害とギフティッドとの見極めに今後重要な役割を果たすでしょう。

これまであげたような諸外国での脳の発達研究はＦＳＩＱの値を考慮していますので、ギフティッドの脳の特性と障害などによる脳の特性との混同は最小限に抑えられているだろうと思われます。脳研究の被験者に誤診された対象者が混在すると、そこから得られた脳の特性に関する知見そのものがさらなる誤診を生み出すことが危惧されるため、そのようなことのないよう、日本でも、ＦＳＩＱが低いケースだけでなく高い時にも、その要因を必ず組み込んでの研究が必要とされます。

**◎学校や家庭で活用できるチェックリスト**

ここまで、ＡＤＨＤとＡＳＤを例に、障害とギフティッドとの違いについて概観しました。学校などで、これらに関連する困難が見られる子どもについて、特にその子に知的な能力の高さが併せて垣間見られる場合には、ギフティッドの可能性がないか、いったん吟

| ADD/ADHD かもしれない | |
|---|---|
| 1 | 知的能力の高い仲間とかかわっても、行動に改善が見られない。 |
| 2 | その子に適した学力レベルの集団においても行動に改善が見られない。 |
| 3 | カリキュラムを工夫しても行動に改善が見られない。 |
| 4 | 自身の不適切な行動について、その理由を説明できない。 |
| 5 | 自分で自分がコントロールできないと感じている。 |
| 6 | 適切なソーシャルスキルを学んでも、「衝動性」や不適切な行動は減らない。 |
| 7 | なぜ課題や活動を途中でやめてしまうのかの理由を説明できない。 |
| 8 | その活動に興味があろうがなかろうが、その子の行動は変わらない。 |
| 9 | テーマや活動が、その子自身にかかわるものや意味のあるものに感じても、不適切な行動は減らない。 |
| 10 | 話に割り込んだり余計な話をする行為は、その子の学びたいとか知っていることを共有したいという思いから生じるものではない。 |
| 11 | 注意散漫に見える際に、何を指示されたか問うと答えることができない。 |
| 12 | 特に明確な理由なく、課題から課題へとうつろう。 |
| 13 | 不適切な行動は、状況に関係なくほぼ常に見られる。 |
| 14 | 不適切な行動は、教師や指導スタイルに関係なくほぼ常に見られる。 |
| 15 | 誰かの注意を引こうが引くまいが、不適切に振舞う。 |

ADD(Attention Deficit Disorder)は、多動がなく不注意の症状のみが含まれる。現在はADHDの1つのタイプに分類されている。

味するプロセスをたどることが有益とされています。その吟味の過程で助けとなるチェックリストもあります[*22]（Table 1,2 52〜55ページ）。このチェックリストは、ギフティッドに当てはまる項目が複数あった時、その子の見せる態度や言動の原因にギフティッドならではの特性が関係しているかもしれないので、医療機関への受診や相談の前に、その可能性を視野に入れて環境を調整してみてほしいという願いのもとに作成されました。こ

## Table 1　日本語版ギフティッド-ADD/ADHDチェックリスト

| | ギフティッドかもしれない |
|---|---|
| 1 | 知的能力の高い仲間とかかわることで不適切な行動が減る。 |
| 2 | その子に適した学力レベルの集団に入ることで不適切な行動が減る。 |
| 3 | カリキュラムを工夫することで不適切な行動が減る。 |
| 4 | 自身の不適切な行動の理由を、(子どもなりに)論理的に筋を通して説明する。 |
| 5 | その子が動き回っているとき、その子自身がそれを楽しんでおり、自分で自分がコントロールできないという感覚にはない。 |
| 6 | 適切なソーシャルスキルを学ぶことで、「衝動性」や不適切な行動が減る。 |
| 7 | なぜ課題や活動を途中でやめてしまうのか、(子どもなりに)論理的に筋を通して説明できる。 |
| 8 | 興味・関心のあるテーマや活動の際には、不適切な行動がほとんどなくなる。 |
| 9 | テーマや活動が、その子自身にかかわるものや意味のあるもののように感じると、不適切な行動が減る。 |
| 10 | 話に割り込んだり余計な話をする行為は、自分が知っていることを共有したい、自分はわかっているということを伝えたい、すぐにその問題を解決したいという思いから生じる。 |
| 11 | 注意散漫に見えていても、何を指示されたか問うと答えることができる。 |
| 12 | 複数の課題を同時並行で嬉々としてこなしていく。より多くを成し遂げ、より多くを学びたがる。 |
| 13 | 不適切な行動はどんなときにも見られるわけではない。状況によって見られたり見られなかったりする。 |
| 14 | 不適切な行動はどんなときにも見られるわけではない。教師や指導スタイルによって見られたり見られなかったりする。 |
| 15 | 教師の注意を引こうとして不適切に振舞う。 |

Table 1、Table 2 は*22の角谷 (2020) の論文より作成

れらのチェックリストの原本[*23]には、ギフティッドの可能性を視野に入れた環境調整のプロセスを踏む前に医療機関に障害の診断を求めるのは、いかなる状況にあっても時期尚早だと記されています。

具体的には、日頃の子どもの様子を思い起こし、左右のどちらか当てはまるほうに○をつけ、両方に当てはまると感じる項目があれば、両方に○をつけます。最終的にギフティッドに当てはまる項目が明らかに多い場合は

(Giftedness/Asperger's Disorder Checklist (GADC)© Prereferal Checklist)

| | | アスペルガー症候群かもしれない |
|---|---|---|
| 記憶と注意 | 1 | ずば抜けた記憶力があり、特定の関心事の特定のテーマに関する事実や非常に細かな情報を記憶している。 |
| | 2 | 人の名前や顔を思い出すことが苦手。 |
| | 3 | 細かなことがら、事実、数字について考えたり憶えたりすることが好き。 |
| | 4 | 興味のあるひとつのものに対して強烈な集中力を見せる。 |
| | 5 | 自分のなかの思いや考えによって注意がそがれると、なかなかもとの課題に注意を戻せないことがある。 |
| 話し方とことば | 1 | 高度なことばを用いるが、用いていることばすべてを理解しているわけではない。 |
| | 2 | 具体的で字義通りの意味で考えたりやりとりしたりし、抽象性があまりない。 |
| | 3 | 相手が興味をもてないような言語表現や話し方をする。 |
| | 4 | 話し方や内容に相互性がなく、人の興味を惹きつけられない。 |
| | 5 | 質問と報告を繰り返す。 |
| | 6 | いわゆる学者のイメージを彷彿とさせるような、途切れることのない話し方をする。 |
| | 7 | 途切れなく話が進むが、念入りな感じがほとんどあるいはまったくない。 |
| | 8 | 双方向のやりとりの伴うジョークを誤解する。 |
| | 9 | 会話でのギブ・アンド・テイクの関係をなかなか理解できない。 |
| | 10 | ことばよりはむしろ行動で苦痛を伝える。 |
| 社会性と情緒 | 1 | どのようにして友だちをつくり、その関係を維持していったらよいのかが理解できず、非常な困難を見せる。 |
| | 2 | 身なりや振舞いなどの社会規範に無頓着でいる。 |
| | 3 | 自分が仲間とは違っているという認識があまりない。 |
| | 4 | 楽しんでいること、取り組んでいること、興味関心、やり遂げたことを人と分かち合うことに、ほとんどあるいはまったく関心がない。 |
| | 5 | 人と会話を始めたり、はずんだ会話を続けたりすることに大きな困難を見せる。 |
| | 6 | 他者も当然自分と同じ視点をもっているものとみなす。 |
| | 7 | 社会的慣習やその背後にある理由に気づいていない。 |
| | 8 | 社会的洞察力に欠けている。 |
| | 9 | 不適切な、あるいは幼い感情表現のしかたをしたり、起伏がなく抑えられた感情表出をしたりする。 |
| | 10 | 認識できる他者の感情が限定されている。 |
| | 11 | 場の状況を読み違え、場の空気に応じられないことがある(どのように応じたらよいのかわからないときもある)。 |
| | 12 | 多くの場合、困っている人への共感や気遣いを示さない。 |
| 行動 | 1 | 変化に対して、強力に、あるいは身体をはって抵抗し、頑なである。 |
| | 2 | ルールに厳格に忠実であり、構造化された状態を必要とする。 |
| | 3 | 常同行動(e.g., 手や指をパタパタさせる、くねくねする、複雑な身体の動き)がある。 |
| | 4 | 問題が生じたとき、教師や親が悩む。本人は、直接個人的影響を受けない限りはその問題状況に気づかないことがある。 |
| 運動スキル | 1 | 協調運動能力の発達が遅れている(例;極端に不器用な動き)。 |
| | 2 | チーム・スポーツをやりたがらない。 |
| | 3 | 日常生活スキルの発達が遅れている。 |

## Table 2　日本語版ギフティッド-アスペルガー症候群チェックリスト

| | | ギフティッドかもしれない |
|---|---|---|
| 記憶と注意 | 1 | ずば抜けた記憶力があり、様々なトピックスに関する事実や情報を記憶している。 |
| | 2 | 通常、人の名前と顔を正確に思い出す。 |
| | 3 | 機械的な暗記課題はできるが嫌い。 |
| | 4 | 興味のある様々なものに対して強烈な集中力を見せる。 |
| | 5 | 集中している際に気を散らされると、注意を向け直すように促されようが促されまいが、素早くもとの課題に注意を戻すことができる。 |
| 話し方とことば | 1 | 語彙が非常に豊富で年齢よりも進んでいる。 |
| | 2 | 抽象的な考えについての見解をめぐり、人とやりとりできる。 |
| | 3 | 豊かで相手の興味を引くような言語表現や話し方をする。 |
| | 4 | 人の興味を惹きつける。 |
| | 5 | 難しいが考えがいのある質問をする。 |
| | 6 | ませた表現豊かなことばを用いたり話し方をしたりする。 |
| | 7 | 求められようが求められまいが、詳しく念入りに伝える。 |
| | 8 | 教養のある双方向のユーモア、皮肉、嫌味を理解したり言ったりする。 |
| | 9 | 会話の因果関係やギブ・アンド・テイクの関係を理解している。 |
| | 10 | 苦痛をことばで伝える。 |
| 社会性と情緒 | 1 | 誰が友だちかがわかり、友だちの名前をあげることができる。サークルなど集団で中心的な地位にいることが好き。 |
| | 2 | 社会規範を承知している。 |
| | 3 | 自分が仲間とは違っているということを鋭く感じ取る。 |
| | 4 | 楽しんでいること、取り組んでいること、興味関心、やり遂げたことを積極的に人と分かち合おうとする。 |
| | 5 | 人との会話がはずむ。 |
| | 6 | 他者の視点がわかり、他者の観点に立ったり、それを理解したりできる。 |
| | 7 | 人とのやりとりのうえで、暗黙のルールに従う。 |
| | 8 | 人とかかわるうえで、鋭い社会的洞察力と直観力を見せる。 |
| | 9 | たいていの場合、適切に感情を表す。 |
| | 10 | 他者の感情がわかり、他者の気持ちをすぐに汲み取る。 |
| | 11 | 場の状況を読み取り、場の空気に応じられる。 |
| | 12 | 他者に共感を示し、困っている友だちを慰める。 |
| 行動 | 1 | 変化に対して抵抗するが、それは暴力や乱暴な行為を伴わない。そして、たいていはその変化に従う。 |
| | 2 | ルールや体制に疑問を投じる。 |
| | 3 | 常同行動（例:手や指をパタパタさせる、くねくねする、複雑な身体の動き）がない。 |
| | 4 | 問題が生じたときは、通常、本人がそのことに悩む。 |
| 運動スキル | 1 | 協調運動能力が十分発達している。 |
| | 2 | チーム・スポーツが好き。 |
| | 3 | 日常生活のスキル（食事、服の着脱、トイレ、衛生）の発達が年齢相応に見られる。 |

特に、ギフティッドを念頭に置いた環境調整（難易度の高い課題に取り組めるようにする等）をする必要があります。ただし、このチェックリストで障害の診断やギフティッドの判定ができるわけではありません。ギフティッドに当てはまる項目が多いとギフティッドで、障害に当てはまる項目が多いと障害、のように即座に判断できるわけではない点に注意が必要です。ギフティッドの判定や障害の診断には、もっと時間をかけた綿密な検査が必要となります。あくまで、誤診に端を発する不適切な介入を最小限にとどめるために、診断を受ける前に、学校や家庭で子どもの様子を意識的に確認するプロセスとして用いてください。

**◎文脈依存的で意志や理由がある**

ギフティッド児が誤診されやすい障害は、ＡＤＨＤやＡＳＤだけではありません。他の障害もまた、個別にギフティッドとの違いを見分ける観点がある一方で、「障害かギフティッドか」というざっくりとしたくくりで考えた時、識別のための大きなポイントとして以下の二点があります。[*24]

●その子の障害のように見える言動は文脈（環境）依存的に現れるのか、それとも本人の意向によらず大半の場面や状況で現れるのか。
●その言動の背後に、本人なりの意志や理由があるのか、それとも本人もコントロールできないという困惑があるのか。

障害のように感じられる言動や態度が、ある特定の状況や特定の教師のもとでのみ現れるなど文脈依存的である時、障害ではない可能性に目を向ける必要があります。また、なぜそのような行動をとったのかについて、その子なりに言葉で説明でき、本人の意志や理由に基づいてその行動がとられているのであれば、その場合も障害ではない可能性に目を向けるべきです。たとえば、ギフティッド児に対するODD（反抗挑発症）の誤診はADHDの誤診と同じくらい多いとされています。[*25] ギフティッド児には「鉄のような意志をもつ」と言いたくなる子が多くいます。それはさまざまな現れ方をし、よい面としては粘り強さ、一度決めたことはやり抜く力、責任感として現れます。しかし、同時にそれは、人からのアドバイスを嫌ったり自分のやり方に固執する姿、非合理的な慣習や規則に従うことを拒否する姿、コントロールされることへの敏感さと反発の激しさなどにも現れます。また、理想に及ばない社会や他者、自分に対して激怒することもあります。これらギフティッド児の特徴は、ODDの子の様子と似ていると感じられることがあります。ODDではないかという心配が頭をよぎった時は、以下の点を考えるとよいとされています。[*26]

●すべての大人に反抗するわけではない。
●挑発的な態度が現れる状況が限定されている。
●他者の感情を気遣うことができる。
●繊細すぎるとか、理想が高すぎるとかいう批判を受ける。

「すべての○○に○○するわけではない」「状況が限定されている」というのは、文脈依存的であることの具体的な姿です。個々の障害についての知識をもち、それらの特性がギフティッド児の特性とは異なる点について厳密に知っておくことはもちろん大切です。ただ、たとえ個々の障害について詳しい知識をもち合わせていなくても、その行動が文脈依存的であるかどうか、また、理由や意志を伴うものかという観点をもつだけで、誤解や誤診の多くを防ぐことができるでしょう。たとえば教師が受診を勧めたほうがよいのかどうか悩む時、あるいは「グレー」という言葉が脳裏に浮かぶ時、文脈依存的な言動か本人の意志による言動かという二つの観点から子どもを観察すると、環境調整のステップを踏む必要性に気づき、その方向性を定めることができます。

### ◎2E：障害のあるギフティッド

ここまで、「ギフティッドは障害ではない」という視点から、ADHDやASD、ODDを例にあげて誤診の予防について考えてきました。ところで、「ギフティッドは障害ではない」という点についてもう少し正確に記しますと、それは、ギフティッドは障害の中の一つのカテゴリーではないということになります。これは、障害のあるギフティッド児もいれば障害のないギフティッド児もいることを意味しています。古くからFSIQが130以上の子どもは知的ギフティッドとみなされてきましたが、このFSIQを例にとって考えるとわかりやすいでしょう。つまり、ＦＳＩＱが１００の子の中にも障害のある子もいればない子もいます。ＦＳＩＱが１１０でも同様です。このように、１２０、１３０……つまり、知的ギフティッドであっても、障害のある子もいればない子もいます。そして、障害のあるギフティッド児のことを、２Ｅ児と言います。知的な才能を中心として考える場合は、障害として知的障害を除くという立場があります。

次に、２Ｅ児の誤診に関連する大きな問題を二つ考えてみます。

### 才能と障害が相互に隠され合う

ギフティッド児の誤診をめぐる問題としては、前述までのような、障害ではないのに障害とされる誤診と同程度に、障害があるのにその障害に気づかれないままになるという誤診の問題があります。才能の部分だけが気づかれて障害に気づかれない状態もありますが、多くは、才能と障害が相互に隠され合い、周囲からすると「標準的な」子どもという風に見えるケースになります。特にこの問題は学習障害で深刻です。何らかの障害があることが明らかな場合、２Ｅなのか２Ｅではない障害児であるのかについては、知能検査をすることではっきりする子どももいます。しかし、学習障害があるギフティッド児の場合、個別式知能検査の結果そのものが学習障害の影響を受けることがあります（ADHDやASDでも同様のことが起こることがあります）。障害の影響を受けにくい検査項目や検査方法で測ればギフティッドであることが明らかになるのに、通常の個別式知能検査を通常どおり行ったがために、数値からは標準的という結果が出てしまうことがあるのです。そうすると、たとえば抽象的な思考力や論理的思考力は非常に優れていてギフティッド児向けのカリキュラムが必要な状況であるのに、通常クラスでのカリキュラムを受け続けなければならなくなるという事態が生じ、判定漏れの場合と同じように、その子の意欲、自信などが蝕《むしば》まれていきます。

ギフティッド児に限らず、子どもの知能検査の解釈は、数値だけに基づいて行うのではなく、その子の日常生活での困り感などと照らし合わせ、いろいろな可能性を視野に入れてなされる必要があります。特に学習障害がある場合は、このプロセスが非常に重要となります。

障害なのか環境とのミスマッチなのか

2Eであるか否かの判断においてもう一つ難しい点は、知能検査などでギフテッドであることが明らかとなった子どもについて、たとえば学校生活に支障をきたすほどにじっとしていることが苦手なように見えたり、友だちとうまくかかわれないように見えた時、それが障害により引き起こされているのか、それともギフティッド児のニーズと環境とが合わないことにより引き起こされているのかを見極めることです。ウェブらは、投薬をはじめとする治療よりも環境調整のほうが害が小さいため、まずはやりがいのある学習環境とするなどの環境調整をすることを勧めています。[*27] 環境調整をしながら、その子の問題となる行動があらゆる場面で本人の意図とは関係なく生じてしまうのか、それとも本人の意図的な選択によるものなのか、抽象的な課題や新奇な場面での反応、興味関心や能力が同程度の相手とのコミュニケーションの取り方などをよく観察することは、意味のあるプロセスとされています。

### ◎誤診を防ぐには学校や教師のギフティッド理解が必須

「誤診」という言葉には医療機関の責任というニュアンスが伴いますが、実は、ADHDやASDの誤診には、学校や教師の与える影響が大きいとされています。[*28]ギフティッド児以外でも、早生まれの子どもへのADHD診断率の高さが指摘されていますが、その原因は教師がクラスの子どもに対して相対的な能力評価を行っているためだとされています。[*29]さらに、支援制度利用のために学校から求められるままに診断が下されるケースもあります。[*30]特に子どもの障害の診断には、学校や教師の子どもに対する理解が大きな影響力をもっています。だからこそ、学校や教師、また、保護者が、ギフティッド児の特性、さまざまな障害との違いなどに敏感になり、的確な理解を深め広げる必要があります。

**◎サヴァン症候群との違い**

サヴァン症候群そのものは発達障害ではありませんが、ギフティッドと混同されやすい概念の一つです。

最近よく目にするのは、「特異な才能」や「異才」とも思える才能とギフティッドとがセットになった報道です。もちろん、特異な才能がよくわかるギフティッド児もいますが、ギフティッド児の才能は、「障害ゆえの才能」ではないという点に注意が必要です。「並外れた才能」「特異な才能」「異才」という語に伴うイメージは、ともすると「障害と一体となって現れる才能」となることがあります。その背景要因として、自閉症にサヴァン症候群が伴う場合の才能が社会的に広く認識されていることも大きいでしょう。サヴァン症候群の才能を裏づける仮説としては「逆説的機能亢進《こうしん》現象」があります。[*31] これは簡単に言えば、脳のある部分や機能が損なわれた際に、そこにかかわる別の脳の領域が高度に機能するようになることにより、通常では考えられないほどの才能が現れるという仮説です。ですので、サヴァン症候群の才能を「障害に伴う才能」と捉えるのは間違いではありません。

一方、ギフティッド児の才能は、脳のどこかに障害が生じることにより引き起こされる才能ではありません。『なぜかれらは天才的能力を示すのか―サヴァン症候群の驚異[*32]』の著者で、サヴァン症候群の研究を第一線で推進してきたトレッファート（Treffert, D. A.）は、以下のように言っています。

「天才や神童は、サヴァン症候群とは別物である。そして、天才や神童のようなハイリー・ギフティッドのすべてがアスペルガー症候群であるわけではない。（中略）神童や天才が自閉症やアスペルガーだという風潮を作っている一つに、アインシュタイン、レンブラント、モーツァルト、ジェファーソンなどが引き合いに出され、彼らがそのような障害だったという逸話がある。このような回顧的医学診断は、そのすべてに問題があり疑わしい。（中略）神童や天才には目を見張るほどの特別な才能があるが、その背後に障害は何もない。（中略）むしろ、彼らの才能は、機能しているあらゆる領域のＩＱ測定値が高いことと関係している。（中略）神童や天才ならだれでも自閉症かアスペルガーだとみなしたがる傾向は、今日蔓延《まんえん》している〝流行《はや》りの病気〟現象であり、断固抵抗すべきだ。〝変化し続ける診断〟により、意味のある分類が消滅しないように、個々の診断に存在する特異性が失われないように、〝スペクトラム〟にすべてが飲み込まれないように、細心の注意が払われねばならない[*33]」（著者訳。スペクトラムについては77ページ参照）

このことは、２Ｅの子どもたちの才能を理解するうえでとても重要となります。２Ｅの障害としては、本来、ＡＤＨＤ、ＡＳＤ、ＬＤ（学習障害）などが該当するとされていました[*34]。今でもその考え方が一般的です。しかし、今日の２Ｅ研究では何らかの秀でた才能と障害があればすべて２Ｅと捉えようとする専門家がいるのも実際のところです。たとえば、２０２２年に開催されたThe 7th Asia-Pacific Conference on Giftednessにおいても、成人前は障害を伴わないギフティッド児で成人後に双極性障害を発症した人を２Ｅと位置づけたり、パラリンピック選手を皆２Ｅと位置づけた発表がありました。このような捉え方であればサヴァン症候群も２Ｅと位置づけられます。これは、ギフティッドの才能をより広く、よりインクルーシブにという流れによるところで、一見差別的でなく受容的な望ましい方向性に見えます。しかし、そのことが実は、２Ｅの根本的な特性を見えにくくし、さらには適切な介入を見出《みいだ》しにくくしている原因ともなっています。

　そもそもの２Ｅの捉え方からブレないことが大切でしょう。それは先にも記しましたように、２Ｅ児とは発達障害のカテゴリーに入る障害――ＡＤＨＤ、ＡＳＤ、ＬＤなど――を伴うギフティッド児のことを指します。そして重要なのは、その障害ゆえに並外れた才能が隠されてしまう、あるいは、才能ゆえにその障害が見えにくくなってしまうという、才能と障害とが相互に隠され合う関係にあるということです。[*35] これが、「障害ゆえの才能」という位置づけのサヴァン症候群と2Eとが決定的に異なる点です。他にも、サヴァン症候群の才能は部分処理が全体処理よりも優勢な認知スタイルで、複雑な課題よりも単純、具体的な課題に優れているのに対し、[*36] ギフティッドや2Eの才能は、抽象的思考力の高さであったり、より複雑な課題においてより強く発揮される才能という違いもあります。

このようにギフティッドや2Eの才能とサヴァン症候群の才能の質的違いを明確にする立場は、決して、サヴァン症候群の才能を否定しようとしているのではないという点に注意が必要です。ギフティッドや2Eの概念にあらゆる才能や障害を含むべきだとする立場に対しては、社会的見地からは推奨できても、科学的見地からは警戒すべき場合もあります。つまり、科学的見地からすれば、「的確な特性理解」のためのカテゴリー化は有益な介入に必須のプロセスです。排他的であるという社会的見地からの批判を恐れ、科学的にもインクルーシブの波に飲まれることは、意味のある介入を阻害することになりかねません。しかるべき対象に適切な対応をと考えるのであれば、科学的にギフティッドや2Eとサヴァン症候群との差異を明確に捉えることと、社会的に排他的であることとの違いを冷静に受け止めることも必要でしょう。

## 天才なのか?

### ◎90%以上は天才ではない

昨今の報道を見ると、それこそ目を見張るような才能を発揮している子がギフティッド児として紹介されていたりします。もちろん、そのような子どもたちの中にもギフティッド児はいます(が、先ほど述べましたように、サヴァン症候群による天才と言いたくなるような才能はギフティッドの才能とは区別する必要があります)。

ギフティッドは天才ではありません。もう少し正確に記しますと、天才もギフティッドに含まれますが、ギフティッドの90%以上は天才ではありません。ギフティッドの研究において世界的には genius(天才)や prodigy(神童)は gifted(ギフティッド)の一部ではあるけれども全体ではないと、明確に区別されています。たとえば「神童」については、およそ以下のように理解されています。「社会的に価値づけられている分野で、大人のプロ並みの実績を見せる10歳未満の子ども[*37]」。そして、このような子どもたちだけがギフティッド児だというのではありません（神童の境界について、「では10歳と1日だったら神童ではないのか？」という疑問に対しては、そのような境界線を引けるものではないというのは、ギフティッドの線引きと同じ考え方となります）。

大半のギフティッド児が神童や天才ではないというのは、幼少期にはギフティッド児の発達が平均30％程度進んでいるとされることからもわかるかと思います。[*38] また、たとえば知的ギフティッドの目安として古くから用いられているFSIQが130以上の子どもは40人に1人であるのに対し、FSIQが160以上の子どもは1万人に1人、180以上の子どもは100万人に1人より少ないとされています。[*39] ギフティッドに対してアインシュタインやモーツァルトのような人というイメージをもつことは、FSIQが160あるいは180程度の人だけを知的ギフティッドとみなすことに相当します。ある学校の先生が、昨今の報道を見ての感想なのか、「これまでの教師人生でギフティッドの子になんて出会ったことはない」とつぶやいたという話を耳にしたことがありますが、これは「ギフティッド」イコール「天才」だとイメージしてしまったからだろうと想像できます。

知的ギフティッド児の割合は3～10％いるとされています。これは35人学級に1～3人程度いる計算となります。知的ギフティッドと言われる中でもっとも多い、FSIQが130前後の子どもが天才的な才能を義務教育段階で発揮しているケースはほとんどないと言ってよいでしょう。YouTubeなどでも諸外国のギフティッド・スクールあるいはギフティッド・クラスの実践を短い時間紹介している映像を手軽に見ることができます。そこに映る子どもたちについても、いわゆる「天才」をイメージしていると、「何、この子がギフティッド？　ゼンゼンフツーなんだけど」と思ってしまうような子が大勢いることに気づくと思います。

### ◎才能の開花に必要な、環境と才能領域以外の力

ギフティッド児の多くが天才や神童ではないという事実には、もともとの素質としての才能がそこまで高い人は極めてまれであるということ以外にも、もう一つ大切な要因が関係しています。それは、子どもが生まれながらにしてもっている才能は、まだ子どもであるがために、つまり、子ども自身が発達途上であるがゆえに、開花していないケースがほとんどだということです。以前、日本の行動遺伝学研究の第一人者である安藤寿康《じゅこう》先生と

お話をしている際に、まだ実証されたというわけではないけれども、という前置きのうえでですが、その人の才能にかかわる遺伝的な形質や素質は12歳以前ではまだ才能という形では出現しないだろうと推測しているとおっしゃっていました。その根拠が本にも書かれています。[*40]

12歳と年齢までは限定できなくても、幼児期から素質を華々しく開花している人はごくまれで、多くは、その素質の開花に適した環境下で、開花に必要とされる他の力も身につけながら徐々に才能を発揮していくということは、私たちも感覚的に納得できます。ギフティッド児の才能も例外ではありません。最初から花開いているのではなく、また、放っておいても花開くのでもなく、偶然のように感じられる環境との出会いも含め、その才能が伸び、開花されるような環境が必要です。

ただし、それは子どもを「ぐいぐい引っ張る」ような環境ではありません。才能の芽は、その子が夢中になっていること、なぜかこだわっていること、好きなことの中に隠れていると言われます。それらを否定・邪魔しないことはもちろん大切ですが、子どもが夢中になる対象は時期や発達とともに移り変わるということも尊重し受け入れたうえで、その根底に流れる才能とその開花に必要な要素の発達とを温かく見守ることが大切です。

## ◎実存的うつ——特定の領域の才能に絞れないがゆえの困難

ＦＳＩＱが１３０程度のギフティッド児の中には、複数の領域でそこそこ秀でている子どももがいます。まだ子どもなので、目立ってきらびやかな才能を発揮しているわけでもなく、複数の領域でそこそこ優れているギフティッド児の場合、高校生になって以降も「自分はこの分野に（のみ）向いている」と絞ることができない、あるいは「他の分野ではなくこの分野に進む」と決められず、それが深刻な困難の原因となることがあります。

一つを選択することは、ある意味他を捨てることにもつながりますが、複数の領域で優れているギフティッド児にとってはそれが非常に困難を伴うものとなります。そのようなギフティッドに、進路を絞ることの難しさが理解されないことによる実存的うつの問題が生じることがあり、それはギフティッド児の自殺の原因ともなっています。[*41] 実存的うつとは、その悩みの根本が、人間は所詮孤独であるという感覚とともに、自らの力の及ばないこと、一人の人間としてできることが非常に微々たるものであるという、人間の存在の意味を問うものです。成人期以降になれば、「中年の危機」のように誰でも実存的うつを経験する可能性はありますが、知的ギフティッド児の場合、優れた洞察力や理想主義、友だちとの興味関心の共有の難しさなどにより、思春期・青年期でも実存的うつとなる可能性があります。

**◎適切なギフティッド・イメージをもつ**

ギフティッド児を、報道に見られるような、幼少期から異才を発揮できる子どもという像に仕立て上げるべきではないことは、ウェブらによっても忠告されています。

「たとえばメディアでは、ギフティッド児は小さな変人として描かれることが多い。とてつもなく難しい数学の問題を解いたり、楽器を名演奏家のように演奏できたり、一二歳で大学に入学するような天才だとか、一日中本を読んだり練習したり勉強したりしているような子どもも像となる[*42]」

周囲の大人が、メディアで取り上げられるような子どもだけがギフティッド児だと思ってしまうと、本来ギフティッドであるはずの子がギフティッドとはみなされず、彼らに必要な教育的配慮や支援がなされないままとなる危険性が高まります。また、幼少期から明らかに才能を発揮しているわけではないギフティッド児のほうが格段に多いことから、大多数のギフティッド児が不適切な教育環境に晒《さら》され続ける可能性も高まります。的確なギフティッド・イメージをもつことが、的確な支援の第一歩です。

「すべての子どもに才能がある」との違い

**◎違う存在であることを認めて初めてスタートラインに立つことができる**

ウェブは、その著書の中で次のように言っています。

「ギフティッド児は、根本的に異なる存在だ。（中略）『脳が引き起こしている知的な潜在能力はその子のあらゆる面の根底に流れており、その子をその子たらしめているものであり、切り離すことができない。これは、IQが高ければ高いほど顕著に現れる』。ギフティッド児の支援のためには、まず、彼らがまったく標準とは異なる存在であることを認めなくてはならない[*43]」

ギフティッド教育や支援の制度がある諸外国においてももちろん、その制度に対してのみならず、ギフティッドという概念や枠組みに対してもさまざまな批判や意見があります。その中に、「すべての子どもに才能がある。すべての子どもがギフティッドだ」というものがあります。その根底には、たいてい「ギフティッド児にだけ才能があるというのはおかしい（差別的だ）」という批判が流れています。

ギフティッド児への教育的配慮や支援を推進しようと取り組んでいる人々は、「ギフティッドだけに才能がある」とは捉えていません。サヴァン症候群の才能との違いを明確にすることが、サヴァン症候群の才能を否定することにはならないのと同様、ギフティッドの概念は、すべての子どもに備わっているその子なりの才能、長所、強み、得意なことの存在やそれを伸ばすことの大切さを否定するものではありません。むしろ、ギフティッド児にも、その子なりの才能、長所、強み、得意なことがあり、それを尊重し、伸ばしてあげようという立場にあります。それでは、なぜギフティッド児をあえて取り上げて教育的配慮や支援をと考えるのでしょうか？　それは、その子の中での相対的な才能、長所、強み、得意なことが問題とされる以前に、その絶対的な能力の高さが問題とされるからです。それも、「あの人よりは優れている」という次元ではなく、「大多数から外れたマイノリティ」というレベルでの高さがあるためです。[*44]それゆえ、大多数の子どものために設けられた教育環境やカリキュラムでは、ギフティッド児はその才能、長所、強み、得意なことが伸ばせない状況に晒されるということになります。これは、標準的なカリキュラムで進められている授業の半分〜4分の3をギフティッド児が「ただ待つだけの時間」として過ごさざるを得ない[*45]という状況においても明らかです。

ギフティッド児への支援は、彼らが根本的に異なる存在であるという点を認めて初めてスタートラインに立てるのです。

ここで、疑問をもたれた方もいるかもしれません。たとえば知能指数などはその量的な違いが数値で表されているのであり、スペクトラムであるはずです。スペクトラムは、誰でも当該の要素をもっていて、それが濃いか薄いかの違いだけであり、量的違いであって

つかむ思いで必死に探し求めることがないため、ギフティッドかどうかを考える必要性は感じないでしょう。子どもがギフティッドかどうかなどと考えなくても、もっと言えば、ギフティッドのことなど知らなくても、その子が石集めに夢中になっているのを見て石の図鑑を図書館で借りたり、海岸や山に行って珍しい石を探したりする親は少なくないでしょう。興味関心が石でなくても、恐竜、昆虫、動物、植物など、たいていのことについては、親は子どもが夢中になっていることに応じる中で、自然にその子の才能を温かく見守り、育んでいます。その限りでは、その子がギフティッドかどうかというのは、親にとってはあまり知る必要性を感じない、あるいは知らなくてもほどよくやっていけます。ギフティッドという概念にたどり着くのは、大きな困難ゆえに親自身のあり方に悩み、教育環境を変える必要性を痛感するような状況に陥った時なのです。

一方、ギフティッドであるかどうかは、その定義からわかるように、困難の大きさにより規定されるものではありません。ギフティッドで大きな困難を抱える人もいれば、ギフティッドで特別な配慮をせずとも、ほどよく適応できる人もいます。この点について、たとえばアメリカの心理学者ホリングワース（Hollingworth, L. S.）はＩＱ１２０〜１４５の範囲を最適知能とし、知能がこの範囲にある人は知性と社会性がともに高めでバランスをとりやすく、社会的リーダーになる人の多くが該当するだろうとしています。一方、145よりも知能の高い人は孤立感を抱えるリスクが高いとしています。[*2] この仮説を支持する研究はいくつもありますが、最適知能の範囲であっても、性格や障害の有無などの個人特性や、学校等環境の柔軟性や適切さなどによっても、その子が困難を抱えるかどうかが変わります。そのため、困難の有無や深刻さをギフティッドかどうかの判定基準に組み込んでしまうと、その子にどのような特性があるかだけでなく、その子がどのような環境にあるか、家庭、友だち、学校、地域社会など、諸々の要因が混在し、「ギフティッドである」ことが何を意味するのかがわからなくなってしまいます。ギフティッドの判定が必要になるのは困難を抱えた時ではあるけれども、判定基準そのものには、困難の有無は含まれません。

　家庭や幼稚園、保育所、学校で大きな困難が生じた時に、その子がギフティッドであるかどうかの視点が必要となります。これは、とりわけ障害の誤診を防ぐ意味で重要ですが、同時に、その困難が秀でた才能と少なからず関連して生じているという理解に基づく対応が必要となるという点でも重要です。なぜなら、困難の背景に障害があるのか才能があるのかにより（両方の場合もあります）、適切な対応の仕方がまったく異なるためです。困難の原因の一つに秀でた才能が存在する可能性に目を向け、それに適した対応を行うために、ギフティッドかどうかの確認、つまり、ギフティッドの判定が必要だと言えるでしょう。

## 万能の測定器具がない——ギフティッド児の判定漏れ

才能をいかにして測るか、捉えるかが、非常に難しい点です。特に子どもにおいては、その才能がいまだ開花前の段階にあることがほとんどなため、表面上の様子に惑わされず、才能の潜在性を忘れず、素質を見逃さないようにすることが求められます。これが非常に難しいのです。ギフティッドの判定は、知能検査や認知能力検査、学力検査、創造性検査以外にも、教師による観察評価、保護者による観察などもあります。ただ、いずれの方法をもってしても、一つの検査や手法だけでは、どうしても判定漏れするギフティッド児が出ます。一つの検査だけではあらゆる才能の程度を測定することはできないというのも、判定漏れの原因の一つです。このような限界から、ギフティッド教育制度のある国では、本来ギフティッドであるはずの子どもがギフティッドと判定されず、結果的にその子に合わない教育環境に晒され続けることになるという問題が生じています。さらに、不適切な教育環境に晒され続けることで、環境を適切なものに変えることができていれば防げたであろうさまざまな精神疾患を背負ってしまうという深刻な問題もあります。[*3] 日本にはギフティッド教育制度や判定制度がありませんし、ギフティッドについて的確に理解している教師や心理・医療の専門家も少ない状況ですので、多くのギフティッド児がある意味判定漏れの状態にあり、深刻な問題に陥っている子どもが多数いることが推測されます。

ギフティッドかどうかは医療や心理の専門家が判断するものと思われがちですが、実は個別式知能検査により心理や医療等臨床の場でギフティッドと判定される子どもの割合はそれほど多くはありません。これは、個別式知能検査にかかる時間と労力が他の方法に比べて非常に大きいことから、検査を受けられる子どもが少ないためです。そのため、たとえばアメリカの場合、多くは、教師による観察評価に基づきギフティッド・クラスなどへの所属候補となる生徒が選ばれます。そして、彼らに対して、学校や教育委員会などが学力検査や認知能力検査、集団式の知能検査などで最終判定する方法がとられます。そして、この一連のプロセスで判定漏れするギフティッド児が非常に多いことが社会的な問題となっているのです。

### ◎測定範囲の限界

知的才能が中心となる

前述のように、どのような判定方法を用いても判定漏れするギフティッド児が出てしまいます。そして、その大きな原因として、測定領域の限界と潜在的な素質の把握における限界があります。測定領域の限界としては、たとえば知能検査や認知能力検査、学力検査などは、学業と強く関連する知的な側面の才能を捉えることができますが、創造性やリーダーシップ、芸術やスポーツといった領域の才能は測定できません。個別式知能検査はギフティッド判定の最良の手段とされていますが、それでも創造性やリーダーシップなどの才能は測れません。もっと言えば、リーダーシップや芸術、スポーツの領域では、しかるべき専門家が測ればそう大きくは違わない数値で潜在的なものも含めた才能を評価できるといった類の検査がありません。

学校教育との兼ね合いでギフティッド判定がなされることがほとんどであるため、知的な才能領域に偏るというのも自然な、そして否定できない現実です。そのため、広く用いられている検査で判定できるギフティッド児の才能が知的な領域に限定されやすいという限界があります。もちろん、知的な面でも芸術面でもリーダーシップでも、というように複数の領域で秀でた才能のある子どもであれば、知的な素質を捉えることでギフティッドであるとみなされるのですが、知的な面以外の領域だけ秀でている子どもは、判定漏れしてしまう可能性が高くなります。

### 創造性の測定とその課題

個別式知能検査では測定できない才能として真っ先に引き合いに出されるのが、創造性です。創造性は特に成人後の偉業と強く関連する才能であり、ギフティッドの概念においても重要な位置を占める才能です。同時に、ギフティッド児の判定に用いられる学力検査や認知能力検査、あるいは知能検査では測定できないという限界に対する批判の中でも多く触れられる領域の才能でもあります。では別の何らかの検査を用いれば創造性を測ることができるのかと言うと、実は、どのような検査をもってしても、知的領域の才能のようにはクリアに捉えることができないという限界が、創造性にはあります。

世界や日本での創造性研究において用いられている代表的な検査に、トーランス式創造性思考テスト（Torrance Tests of Creative Thinking：ＴＴＣＴ）があります。他にも同様に、画一的な視点にとらわれずいろいろな考えを生み出すことのできる力として拡散的思考能力を測定する検査があり、創造性を測定する検査として用いられています。ＴＴＣＴは時間と労力がかかり、また測定者の主観が入るという問題も指摘され、学校等で実際に広く取り入れるにはハードルの高い検査です。そして何よりも、その予測的妥当性、つまり、ＴＴＣＴで高得点をとった子どもが将来的に創造性高い功績を生むかどうかについては多くの否定的な見方があります。[*4] そして、これらのテストが何を測定しているのか、果たして創造性を測定しているとみなしてよいのかについての議論が続いています。[*5]

創造性は天才（第一章参照）の功績に不可欠なものとされています。しかし、天才レベルの創造性高い功績を成し遂げた人物のヒストリオメトリー研究（人物史に基づく特性研究）では、その功績のもっとも大きな予測変数はやはりＦＳＩＱで示されるg因子（知能を構成するさまざまな要素の背後にあると想定される全般的総合的な知的能力を示す知能因子で、ＦＳＩＱに現れる）だとされています。そして、創造性高い功績をあげた偉人にはＦＳＩＱが１２０を下回る人物はおらず、その大多数が１４０以上だったとされています。[*6] さらに、彼らの功績に関連する知能以外の要因としては、活力、意欲、忍耐力、決断力が非常に高いことがあげられているのですが、ＴＴＣＴ等で測定される拡散的思考は含まれていません。[*7] 創造性といった時に、何を測定するのかという質的な違いだけでなく、どのレベルの創造性なのかという程度の違いが、成果を生み出すのに必要な要因の違いに直接かかわるため、どのレベルのどのような創造性を指しているのか、あるいは求めているのかを明確にすることが大切です。

## 個別式知能検査以外の判定手法の精度の低さ

さて、判定漏れの問題に話を戻します。ギフティッド教育制度のある国や地域では、知能検査では測ることのできない領域で秀でた才能のある子どもの判定漏れを防ぐ意味でも、子どもの学習の変遷がわかる作文や作品、記録、成果物などのポートフォリオも含め、教師による評価が用いられることもあります。また、さまざまなチェックリストも活用されています。[*8]ただし教師による評価は、ギフティッド児の50%しか判定できないとも言われており、[*9]判定漏れの多さが問題とされています。チェックリストは複数の研究者によりさまざまに開発されていますが、それだけでギフティッドの判定ができるほどに精度の高いものはありません。やはり個別式知能検査とセットで実施するのが望ましく、判定そのものではなく、その子にとっての才能の領域を推定するうえで活用できるものと位置づけるべきだとされています。[*10]

### 「ギフティッドは優秀な子」というイメージが判定漏れの一大要因

教師による評価は、ギフティッド判定のための検査に先立って候補となる子どもを選出するという、非常に重要な役割を担う場合が多いです。しかし、この最初の段階で、本来ギフティッド児であるはずの子どもの50%が漏れてしまうというのは、非常に深刻な状況です。その背景には、たとえばアメリカなどでは人種差別の問題が絡んでいたりもしますが、世界各国で共通して言える大きな原因として、教師の多くが的確なギフティッド・イメージをもっていない、ギフティッド児についての的確な理解がなされていないということがあります。教師はギフティッド児を優等生だと誤解していたり、ギフティッド児だけが通う学校やクラス（一般にギフティッド・スクール、ギフティッド・クラスと称されますが、呼び方はさまざまです）などの候補者として優秀な生徒を推薦する傾向があります。[*11] ギフティッド・クラスが〝honors class（栄誉あるクラス）〟と呼ばれたりすることも、それが学業面での優秀さに比重を置いていることを如実に表しているように感じられます。教師評価によるギフティッド児の判定漏れ問題を少しでも予防・改善するためには、まず、教師が的確にギフティッド児を理解すること、教育環境を変える必要のあるギフティッド児が誰であるのかを的確に判断することが非常に重要です。これは、「困難が生じている場合に限定したギフティッド判定プロセスが必要」というスタンスが意味をもつ理由でもあります。今現在置かれた教育環境で教師から「優等生」と評価され、推薦されるほどに力を発揮できている子どもは、その子が現状に退屈していない限り、教育環境を変える必要性はあまりないでしょう。力を発揮している子どもたちがギフティッドと判定されることは、本来ギフティッドであるにもかかわらず適応の悪さからギフティッドとは認識されずに不適切な環境に晒され続けることと無関係ではないのです。まず、困難を抱えているギフティッド児への環境の調整を行うことが優先されれば、それは教師評価による判定漏れに端を発する悪循環の予防につながるでしょう。ギフティッド児のための教育環境が「栄誉ある優秀な子どもの集まり」となることに対しては、一定の警戒が必要とされます。

## ◎潜在的な素質を捉える難しさ――学業成績は散々というギフティッド児がいる
## 集団式知能検査の判定率も50％

潜在的な素質の把握という面では、知的ギフティッド児においても非常に深刻な問題があります。それは、本来知的ギフティッドであるにもかかわらず学校の成績や適応の状態が悪い子どもたちに関してです。彼らはギフティッド判定から漏れ、ニーズにそぐわない教育環境に晒され続けるという悪循環に陥ってしまいます。ギフティッド教育制度のある国はアメリカ以外にも、イギリス、スウェーデン、ロシア、インドネシア、シンガポール、南アフリカ共和国、中国、韓国、オーストラリア、ニュージーランド等、実にたくさんあります。そのような国々で同一の判定方法が取り入れられているわけではありませんが、概して学業成績や集団式認知能力検査でのギフティッド判定が中心であるため[*12]、特にこの判定漏れ問題が深刻です。集団式の知能検査によるギフティッド児の判定精度は、教師による観察評価と同じ50%という低さにあります[*13]。学力検査や認知能力検査は素質よりも、既習事項の量など身につけた力がより反映されるため、判定率はもっと低いと考えられます。

検査を受ける頃にはすでに落ちこぼれている

知的ギフティッド児はたいてい期待に胸を膨らませて小学校に入学するのですが、学校での学習内容がすでに自身が数年前に身につけたことばかりであることに気づき、落胆し、辛く感じるようになるまでに、そう時間はかかりません。教科書を用いた授業が始まれば、早ければ数日でそのような状況に陥る子もいます。自分にとって不毛と思われることに携わるのは、たとえそれが半日であっても非常に神経を消耗させるものであると、私たち大人でも感じることはあるでしょう。

私自身の経験で言えば、たとえばいろいろな人と半日ほど入れ代わり立ち代わり、形式的で同じような話をしなくてはならないような仕事などもあります。その仕事がなぜ必要なのかは十分な説明を受けて理解しており、すべきことだから滞りなく執り行わねばと頭では理解しているのですが、時に眠気が襲い、また時に「あぁ、なぜこんなことをしなくてはいけないのだろう」とイラ立ちにも似た感情が生まれ、昼頃には疲労困憊《こんぱい》して、午後にはもうコーヒーを何杯飲んでもやる気が起きないということがあります。一方、休日にもかかわらず朝8時から夕方6時まで、多少の途中休憩はあっても缶詰め状態で、いろいろな研究テーマについて議論し合うという、割とハードな日を過ごすこともあります。そのような日は、夕刻以降も自分の中にエネルギーが十分に残っていて、あるいはますます充電されており、いささか興奮気味に一日の終わりを迎えるということもあります。このように、私が感じる疲労は所要時間やスケジュールがハードかではなく、その中身によるのだと感じます。

本来の学校での学習は、私の例で言えば後者の早朝から夕刻遅くまでの議論のような新しい発見を伴う能動的な体験を、子どもが豊富にできるような状況が望ましいわけです。そこまで充実した日ばかりでなくても、少なくとも前者のような新しい発見のない義務感のみに動かされる状況に子どもを追い込むような教育環境では問題があるでしょう。しかし不幸なことに、知的ギフティッド児は、半日どころか朝8時頃から午後3時頃まで、週5日、この不毛ともいえる状況に晒され続けることになります。それにより知的ギフティッド児がいかに精神的に消耗し、また、意欲をもぎ取られていくか、私たち大人自身の経験を振り返ると、よくわかるのではないかと思います。

このような状況に晒され続けたギフティッド児は、小学3〜4年生になる頃までには学業不振の兆候を見せ始めると言われています。[*14] ギフティッド児であっても、知らないこともたくさんあります。たとえば小学1年生のギフティッド児が4年生以上で習う漢字まで知り尽くしているということは滅多にありません。授業中に先生の話を聴いていない、宿題をやってこない、あるいは学校に行けない、そのような状況が続くと、ギフティッド児であっても学習せずには知ることのできないことを知らぬままに過ごすという状態が生まれます。そして、本当に学業不振に陥る、その兆候が小学3〜4年生までに見られるということです。そしてアメリカなどでは、学校でのギフティッド判定は集団での学力テストや認知能力テストに基づいて小学3〜4年生以降になされることが主流です。[*15] この学力テストや認知能力テストは、既習事項が多ければ得点が高くなる傾向があり、頑張って猛勉強すれば高得点が期待できる類の検査です。つまり、潜在的な才能、素質の測定ではなく、どの程度学習内容を身につけているか、どちらかと言えば顕在化された、発揮された能力に基づいた判定となるわけです。もちろん全体的には、潜在的な知的才能が高いほうがこれらの検査得点も高い傾向がありますが、小学3〜4年生までに学業不振の兆候を見せたギフティッド児は、これらの検査結果の低さが原因でギフティッド児とは判定されないことが少なくありません。つまり、本人のニーズを満たすことのできない教育環境に数年晒されたことにより、意欲も習得度も低くなり、学力検査や認知能力検査では基準をクリアできないためにギフティッドではないと判断され、引き続き本人のニーズを満たしえない環境に晒されるという悪循環に陥ります。

これは、ちょうど先ほどの教師による観察評価と同様に、いわゆる優等生がギフティッドと判定される仕組みとなりやすいです。もちろん、優等生のギフティッド児もいます。しかし、これらの判定方法は、教育環境を変える必要性の高いギフティッド児にその配慮が行き届かないという意味で、非常に大きな問題を孕《はら》んでいます。

### ◎所属資格としてのギフティッドと個人特性としてのギフティッド

ギフティッド児だけが通えるような学校やクラスがあれば、必ずそこには定員がありま す。特性としてはギフティッドだと思われる子が10名いたとしても、定員が6名であれば、残り4名は所属資格を得られません。アメリカなどでは、所属資格を得られるか否かが、ギフティッドであるか否かと混同される傾向にあります。これは、地域全体の社会経済的地位や教育水準が高ければ、ギフティッド・スクールへの所属を決定するうえでの基準が高く設定され、そうではない地域では低く設定されるなどが公認されていることとも関係しています。地域により所属資格の基準が異なるのは、「標準的な教育環境ではニーズが満たされない子どもを受け入れる」という観点からは頷《うなず》ける現象です。標準的な教育水準が高ければ、そこでニーズを満たすことのできるギフティッド児も多くなることが期待されるためです。少し高めに設定された標準的な教育環境でニーズが満たされる子どもは、わざわざ検査を受けてギフティッド・スクールに所属を変更する必要がなくなるわけです。しかし、これは、その子の特性としてギフティッドであるかどうかとは別の次元で考える

ギフティッドでもある子どもも少なくありません。しかし、知能は標準的な範囲でも、かなりの努力と学校外での学習環境を整えること、勉強に割く時間がかなり多いことなどで、学業成績で見ると非常に優秀な子もいます。ギフティッド・スクールへの入学を目指して受験勉強さながらの状態になることは、シンガポールなどでよく耳にする話です。

つまり、学力検査などで判定された学業ギフティッド児の中には、知的ギフティッドではないけれども学業ギフティッドではあるという子どもも含まれています。彼らには、知的ギフティッド児の社会情緒的特性とされる、知的発達と社会情緒的発達とのアンバランス（非同期発達）や激しさ・繊細さ（過興奮性：overexcitability）などの特性が問題とはならないことが多い点に注意が必要です。[*19] 過興奮性をはじめ、激しさ・繊細さに大きな問題がない場合、教師の目にも「優秀な子ども」と映る傾向にあるためです。

シルバーマンは、2023年4月のSENG（Supporting Emotional Needs of the Gifted）とGDC（Gifted Development Center）により共同開催された研修において、「FSIQ129までの子どもに見られる過興奮性と130以上の子どもに見られる過興奮性は大きく異なる」としています。

大切なのは、今置かれた環境で生き生きと力を発揮している子どもがギフティッドであるかどうかを判断するよりも前に、大きな困難を経験している子どもがギフティッドであるかどうかの見極めを優先させることです。その際に、個別式知能検査を用いた、知的ギフティッドであるかどうかの判定が大きな意味をもつことになります。

### ◎標準から離れていることの意味

知的ギフティッド児とはどのような子どもを指すのかというと、古くから、個別式知能検査においてもっとも総合的な得点であるFSIQの値が130以上である子どもを指すという点では、共通理解がなされています（正確には、これは2標準偏差分だけ高いことを、WISCの基準に当てはめた値です。ビネー式では数値が異なります）。ただし、後に述べますが、最近では、知能検査の改定等にも伴い、他の基準を満たす場合も知的ギフティッドに含まれると考えられるようになってきています。

ここではいったん、一つの目安とされているFSIQが130以上という基準を例として、その実際的意味を考えてみます。次ページの図をご覧ください。知能指数は平均が1

## 知能指数の分布

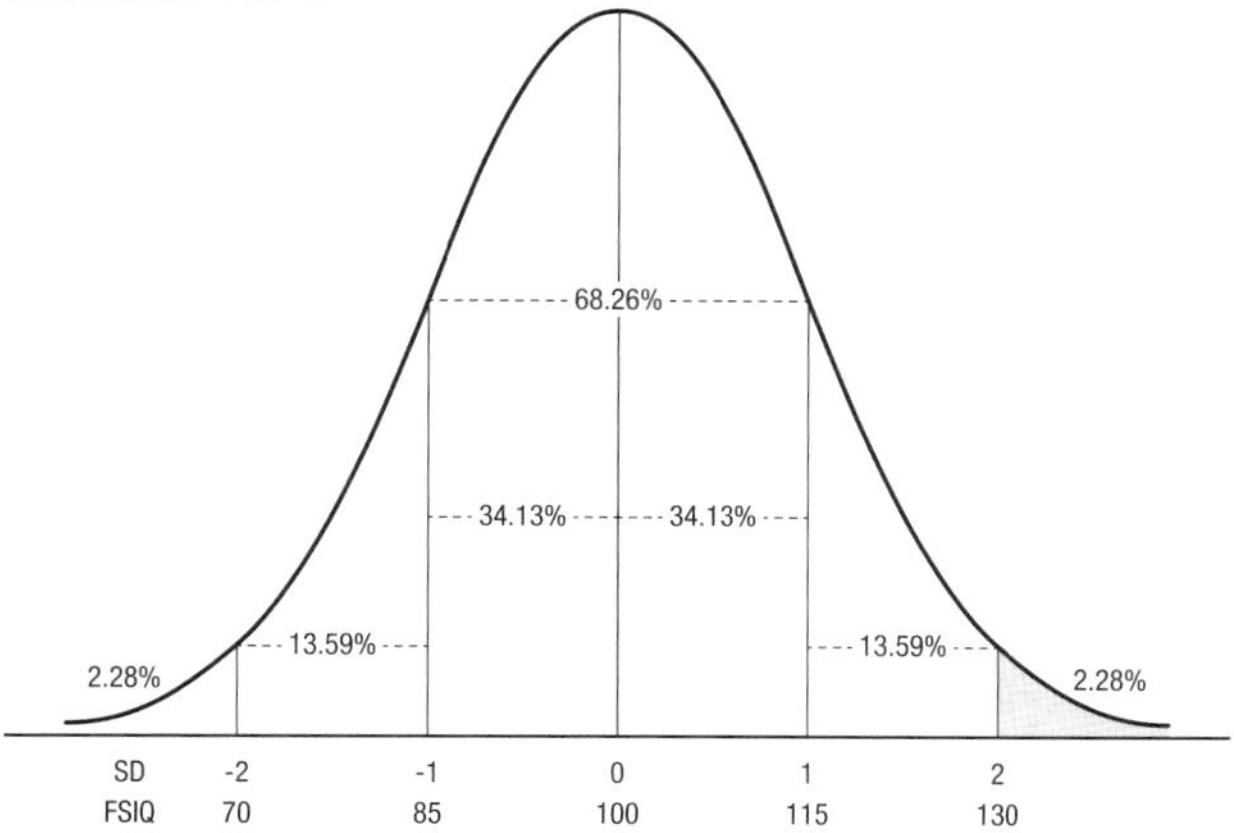


『わが子がギフティッドかもしれないと思ったら──問題解決と飛躍のための実践的ガイド』より作成

00となるように調整されています。そして、平均値100を中心として左右対称の正規分布を描くように、当てはまる人が散らばると仮定されています。この正規分布を見ると、130以上の割合は2・28%となりますが、これは仮定された分布で、実際には160、180あたりに位置する人の割合が仮定の2~3倍いる可能性、つまり、実際は正規曲線ではなく、FSIQ160と180のあたりがポコッと突き出る形のものになる可能性が示されており[*20]、知的ギフティッド児の割合としては3%とされることが多いです。

平均値100を挟んでFSIQ130以

上の反対側（図の左側の2・28％部分）はＦＳＩＱ70以下ということになりますが、この基準を満たす場合は知的障害と診断され、日本の制度上でも特別な教育的配慮が必要とされています。なぜ、ＦＳＩＱが70以下の場合は特別な教育的配慮が必要なのかというと、標準的なカリキュラムではその子たちの知的、社会的、情緒的ニーズが満たされにくくなり、ニーズの満たされない状況に晒され続けると二次障害をも引き起こすことが懸念されるためです。こうした観点に基づき、平均から同じだけ右側に離れている、つまりＦＳＩＱが130以上の子どもたちも標準的なカリキュラムではそのニーズが満たされにくく、標準とは異なる教育的配慮が必要であるというのが、知的ギフティッド児への教育的配慮の必要性を主張する立場の根底にある捉え方です。

今日では、ＦＳＩＱの値を130で白黒はっきりと切り分けるのではなく、スペクトラムで捉えることが重要であるとされています。そして、アメリカのギフティッド・スクールやクラスの所属資格の最低ラインとしては、ＦＳＩＱが120とされるようになってきています。[*21] また、ウェブらは、ＦＳＩＱ115から知的ギフティッドの可能性を視野に入れ、本人の置かれている環境、ＦＳＩＱ以外の特性等も兼ね合わせて特別な教育的配慮を考えることが望ましいとしています。[*22] これも、平均値100を挟んで反対側の、FSIQ85以下の子どもたちにおいて、知能指数以外の諸々の特性を加味して判断することが求められているのと同じ状況だと理解できます。

### ◎FSIQが130以上でもギフティッドではない？

本章の最初に記したように、個別式知能検査はギフティッド判定するうえでもっとも優れた検査方法です。しかし、知能検査を用いて（知的）ギフティッドかどうかを判定することに対して「知能検査だけでギフティッドを判定することはできない」という批判も多くあります。これは、古くは知能検査のFSIQ130以上という基準を満たすかどうかだけでギフティッドかどうかが判断され、この基準を満たさなかった場合にギフティッドではないとされた子どもがたくさんいたことへの批判です。ところが、わが子の困難をきっかけに知能検査を受け、その子のFSIQが130以上だった時、その保護者の間では、この批判が「FSIQが130以上だったとしても、ギフティッドではない場合があるのかもしれない」という曖昧さからくる不安を引き起こしていることを、肌身で感じることがありました。そこでいろいろと調べ、見えてきた結論から言うと、「『ＦＳＩＱが１３０（１２０）以上であればギフティッドである』は成り立つが、『ギフティッドであればＦＳＩＱが１３０（１２０）以上である』は成り立たない」ということになります。

まず、「ＦＳＩＱが１３０以上であればギフティッドである」ということは確かです。ＦＳＩＱが１３０以上の場合は「ギフティッドではない可能性」は視野に入れる必要はありません。１３０を１２０にするか１２５にするかという問題は各地域の教育環境や事情を考慮する場合もありますし、過興奮性などの特性を勘案することもありますが、そのあたりの線引きは、知能指数の正規曲線の対局にある知的障害の判断の方法、「他の諸々の特性も考慮したうえで」という点とほぼ同様と考えてよいでしょう。ただし、幼少期の知能検査結果は不安定であるため、この限りではありません。８歳未満で測定した場合には、前回の検査から2年以上空けて8歳以降での再度の測定が推奨されています。また、幼少期に実施されることの多い発達検査は知能検査とは異なります。発達検査の値からは知能検査と同じ基準でのギフティッドかどうかの判定はできません。

「知能検査だけでギフティッドかどうかを判断すべきではない」という注意喚起が意味す

るのは、「ＦＳＩＱが１３０に満たない子ども（人）の中にもギフティッドが存在するので、知能検査（のＦＳＩＱ）だけでギフティッド判定をしようとすると、本来ギフティッドである子ども（人）たちを見落としてしまう」ということです。[*23]

## ◎ＦＳＩＱが１３０未満だったらギフティッドではない？

では、ＦＳＩＱが１３０未満だったらギフティッドではないのかというと、「ギフティッドでないとは限らない」です。

前述のとおり、最近のギフティッド判定基準としての下限の値は、ＦＳＩＱ１３０以上ではなくＦＳＩＱ１２０以上という値が出てくることがあります。そして、ギフティッド・スクールなどの所属資格の合否判定という現実的な問題において、判定の下限をいくつにするのかという点は地域の教育水準なども関係する社会的な話になります。ここでは、社会的な諸条件は抜きにして、その子の検査結果の数値という点に注目したいと思います。

ＷＩＳＣ－ⅣやＷＩＳＣ－Ⅴでは、ＦＳＩＱが１３０未満だった場合にギフティッドかどうかを判断する一つの方法として、ＧＡＩ（General Ability Index：一般知的能力指標）の値を見るというプロセスがあります。[*24] ＷＩＳＣ（ⅣやⅤ）では、全般的な知能の指標となるＦＳＩＱ以外にも、いくつかの領域ごとの知的能力の指標となる得点を算出することができます。ＧＡＩはその指標の一つですが、処理スピードを測る要素が少なく、言語力や抽象的思考力などの知的能力を測定するものです。ＧＡＩの値を判定基準とした場合も、１３０以上か１２０以上かなどの境界ラインの考え方はＦＳＩＱの場合と同様です。ＧＡＩ以外の指標も判定資料となりうるとも言われていますが、一方、一部の指標得点が高いことに基づいた判定を行うことで、ギフティッド児の認知特性が実にさまざまとなり、「ギフティッドに適した教育環境」といっても、一様ではなく、多様な環境が必要となる点にも注意しなければなりません。たとえばＰＳＩ（Processing Speed Index：処理速度指標）だけが高い子どもとＧＡＩだけが高い子どもとでは、その認知特性がまったく異なるため、適した教育環境も大きく異なります。

さて、ＦＳＩＱによる判定ではどのようなギフティッド児が見逃される傾向にあるかというと、指標得点の間の開きが大きいケースです。領域ごとの指標得点の間に差があることは一般に珍しくはないのですが、その傾向はＦＳＩＱが高くなればなるほど顕著になります。特に知的ギフティッドの場合、ワーキングメモリの指標となるWMI（Working Memory Index）と、情報処理の速さの指標となるPSIが相対的に低くなるケースが比較的多く見られます。これらの得点の低さが影響して、他の指標が130以上であったとしてもFSIQの値が130未満となることがあります。そのような子どもも知的ギフティッドとみなすべきだというのが、今日のギフティッド判定において専門家の間でおおかた共通理解されている基準です（実際のギフティッド・スクール等への所属資格の基準としては、まだFSIQ130以上とされる傾向があります）。

WMIやPSIの相対的な得点の低さが関係して生じる指標得点間の開きの大きさを考慮し、GAIを参照するというプロセスは、一般には学習障害の可能性を検討する際に経るプロセスですが、ギフティッドにおいてもこのプロセスを踏む必要があるということになります。ギフティッドの中にも学習障害のある子どもがいますが、一方、学習障害のないギフティッドで指標得点間の乖離《かいり》が大きい子どももいるので、その見極めが本当に難しい点です。

WMIやPSIに限らず、想定よりも検査得点が非常に低くなることもあります。障害のないギフティッドで見られる例として、完璧主義で何度も確認し「絶対大丈夫」とならないと回答しないために、速度が遅くなるということがあります。また、簡単すぎる問題をまさか簡単に考えてよいなどとは思わずに難しく考えてしまい不正解となることもあります。さらに、普通では考えにくい独創的な回答を出すのに精を出したりすることで得点が下がるという例もあります。特に思春期の女児では、「普通の子ならどう回答するか」を考え、「普通の結果」を出すように意図的に間違えるなどして得点を下げようとすることもあります。一般に、知能検査の得点が高いということは解かなくてはならなかった問題数が多い、つまり、長時間検査を受け続けたということなので、通常の何倍も時間がかかることがあります。そのため、検査の特に後半では疲れてしまい、本来の力が出せなくなることがあります。ギフティッドと思われる子どもへの検査の実施方法も、標準的な方法とは違う配慮が求められる場合があります。[*25]

## 将来の成功や社会貢献の保証を得られるわけではない

知能検査によりギフティッドと判定された子どもが、学校あるいは社会で必ず成功したり功績をあげたりするわけではありません。このことは、前述のとおり知的ギフティッドのアンダーアチーバーの問題が存在することからもよくわかると思います。才能の開花に必要な環境や個人特性を伴わなければ、才能が開花し活《い》かされることはありません。同時に、FSIQやGAIが130（あるいは120）以上の人について、社会的に成功していない、あるいは功績をあげていないことを理由に「ギフティッドではない」とすることも適切ではありません。知能の高さは学校を含む社会的な適応に有利に機能するとされていますが、非常に高い場合、世界の捉え方や興味関心の対象が同年齢の子どもとは大きく異なるなどが原因で、人間関係での困難を経験するなど、さまざまな難しさがあることは古くから指摘されています。[*26] また、激しさ・繊細さが顕著な場合、そのニーズに教育環境が応じきれずに困難を抱えることもあります。特に、標準的なカリキュラムではギフティッドの知的能力や好奇心の高さが満たされずに社会情緒的な面での困難が引き起こされたりもします。あるいは、ギフティッドであり学習障害などの障害がある2Eの場合、知的能力の高さが障害を覆い隠してしまい、周囲も本人も原因のわからない困難に直面し、大きな不安を抱えることもあります。

大人は、ギフティッド児に高い功績を期待してしまいがちです。思わず「え？　この子がギフティッド？」「ギフティッドなら、もっとできるでしょ」と感じることも多いでしょう。そのような視線をギフティッド児は非常に敏感に感じとります。困難に対処することはもちろんですが、功績の有無にかかわらずその子をまるごと受け止めて認めること、その子の言動に関心を向けてあげることが大切です。

# 第三章　ギフティッド児の特徴と応じ方の例

何らかの困難がギフティッドの可能性への気づきの入り口であった場合には、大半の子が以下のような社会情緒的特性をもち合わせていると考えられています。

## 激しさ・繊細さ

激しさ（intensity）・繊細さ（sensitivity）は、ギフティッド児の親が早期に感じる特性の一つであり、第四章で詳述する過興奮性という概念とも関連する社会情緒的特性です。その様子は、「猛烈に生きる」という言葉そのもののように感じられるでしょう。激しさと繊細さを併せもつということは、傍《はた》から見ると些細《ささい》なこと、「たかが」と思えるようなことに、この上なく感動したり、激怒したり、あるいは悲しんだり、喜んだり、あるいは痛がったりといった反応を見せます。一方、「激しさ」というと気性の激しさがまず思い浮かべられますが、それだけではありません。感情はもとより、物事への取り組み方、捉え方、考え方、人間関係、身体的な感覚など、あらゆることに、この激しさ・繊細さが伴います。後に述べるいくつかの社会情緒的側面のほぼすべてにおいて、激しく、かつ繊細です。

　ボードゲームで負けたと言って号泣し、ゲーム盤を投げつけることもあるでしょう。転校してしまう友だちに泣いてしがみつき、離れようとしないということもあるでしょう。辛い経験をしている友だちや家族を見て、当人よりも激しく号泣することもあります。遠足の前夜は、嬉しくて居ても立ってもいられず、夕食の時間になっても踊るのをやめないかもしれません。大切にしていたのになくしてしまったキーホルダーが見つかれば、見つけてくれた人に涙を流して「ありがとう！」と叫ぶことでしょう。誕生日が嬉しすぎて喜びが頂点に達した時、なぜか怒り出すということもあり得ます。2歳の時に味噌汁《みそしる》をこぼして怒られたことについて、13歳になっても昨日のことのように思い出しては話すこともあるでしょう。それまでは一切お母さんに髪の毛を結ばせることがなかったのに、幼稚園の友だちから「お髪、ぐちゃぐちゃ」と言われた途端、翌日からは一切自分で髪の毛を結ぶことがなくなったという子もいます。

「そんなに喜ぶ（怒る、悲しむ、楽しむ）こと?」と思わず言いたくなるかもしれません。それがポジティブな感情であれば、周囲もなんだか嬉しくまた微笑《ほほえ》ましくもなるものですが、ネガティブな感情の時は、周囲も戸惑い心配になります。そのような時、慰めるつもりで「大したことないよ」「心配しなくていいよ」と言いたくもなりますが、それは得策ではありません。その子の感じていることはその子にとって真実であるという点を常に心にとめて応じれば、自然にその子を受容する構えができます。そして、その子の気持ちを「言い得て妙」と言えるほどの言葉で表現してあげると、まるで沸騰したヤカンが静まるように、途端に落ち着いてニッコリとし、その子自らポジティブな捉え方を口にするようになるでしょう。

喜怒哀楽の激しさが度を過ぎているような様子を目の当たりにすると、周囲は双極性障害や気分循環性障害ではないかと心配になるかもしれません。そのような時は、程度はどうあれその種の感情が生じるのにもっともな、突発的あるいは周期的な出来事がないかどうかを考えてみてください。大切なのは、あなたにとって「些細なこと」でもその子にとっては重大事件の可能性があるという視点で出来事をたどってみることです。

激しさ・繊細さが現れるのは、感情だけではありません。身体感覚としては、特に感覚過敏と言われるような反応を示すことがあります。洋服のタグや靴下の縫い目を非常に痛がる、教室のざわつき、蛍光灯のちらつき、香水の匂いに参ってしまうなど、さまざまな反応があります。ある子などは、トイレトレーニングの時期に、15分もおまるをまたいで、「うんち、出る。うんち、出る」と言って、車のようにおまるを走らせていたといいます。最初は何事かと思ったお母さんも、毎回実際そのとおりになるので、やがてその子の言うとおりにおまるに座らせておくようになったそうです。「15分も前から、身体の中で予兆を感じていたということなのかしら」と話してくださいました。

また、「猛烈に生きる」のですから、夢中になっていること、やると決めたことには、すべてをなげうつほどに没頭し、途中で投げ出すことはありません。そのような時、外からの声は耳に入らないでしょうし、よかれと思ってのアドバイスに対して「余計なことを言わないで！」「黙ってて！」と反発するかもしれません。また、鋭い洞察力に基づき自分が正しいと信じたことに関しては、猛烈に主張したり議論したりすることもあります。あるいは、おとなしいけれども梃子《てこ》でも動かない姿を見せる場合もあるでしょう。すると、「この子はわがまま」「協調性がない」「プライドが高い」と感じてしまうかもしれません。そのような時、ギフティッド児の激しさ・繊細さ、猛烈さという特性を知っていると、「あ、余計なおせっかいだったわね。ごめんごめん」とか「今は、聞こえていないのね(笑)」というように、大人側に少し余裕ができます。この余裕が、ギフティッド児の激しさ・繊細さとうまく付き合ううえでは必須となります。

感情の激しさとは少し違いますが、激しい感情の起伏という点で注意したいのが、反応性低血糖です。この反応性低血糖はギフティッド児に割と見られる症状です。[*1] この場合、直接何かが起こったとか何かされたとかいう理由もなく、食後数時間経つと、それまでの様子とは打って変わって感情的になったりミスが増えたりするため、反応性低血糖の可能性に気づかれないと誤解される可能性が非常に高くなります。いつも1時間目は非常に意欲的なのに3時間目あたりから人が変わったように感情制御が難しくなるというような場合は、気分障害などと決めつけずに、生理的な原因も視野に入れて考えることが必要となります。

## 正義感の強さ、共感性の高さ、公平・公正への関心

幼少期から正義感が強いギフティッド児も珍しくありません。共感性の高さは感情の激しさだけでなく正義感とも関係します。そして、この正義感にも激しさが伴います。普段は人を叩《たた》くことなどないのに、幼稚園で仲よしの友だちが作った大切な作品を別の子がわざと壊したというので、怒ってその子を叩いてしまい、お母さんも大変驚いたなどということもあります。あるいは、お母さんに「ほら、歯医者だから帰るよ」と言われて手を引かれ「嫌だ〜！」と抵抗している友だちを見て、「我こそ、○○ちゃんを守らねば！」と全力で味方して、その子からお母さんを引き離そうと、本気で頑張ったりという話もあります。

公平であるか、公正であるかということへの関心も、正義感の一部として大きな特徴とされます。人からどのような評価を受けるかを基準に行動するのではなく、自分の中の正義感に正直に生きるため、学校では、たとえば先生が不在で自習の際に、普段とは打って

変わって極端に騒ぎ出したり怠けたりするということはありません。先生がいてもいなくても態度は変わらないのです。むしろ、先生の采配に納得がいかない、一方的だと感じる時などは、相手が先生であっても臆することなく疑問を呈したり意見したりするでしょう。この時、「反抗的だ」と捉えるのではなく、なぜそのように主張しているのかに耳を傾けることが大切です。

公平・公正への関心は理想主義とも関係します。世の中全体のあるべき姿を見据えつつも、そこに到底及ばない自分自身も含めた現実に対して、激しく怒りを感じることもあります。この憤りは、ギフティッド児が戦争、飢餓、児童労働など深刻な課題を、情緒的にはまだ受け止めることのできない年齢にあるにもかかわらず、認知的にはそれらに関心を向け理解できてしまうことが原因で生じる場合があります。ギフティッド児が自分の無力さ、小ささに打ちのめされてしまわないように、志を同じくするボランティアなど、思いを分かち合える人と出会う場を見つけたり、小さな一歩でも世界をよりよい方向へ変えていく動きとなることを実感できるようにしてあげるとよいでしょう。また、何よりも、共感を得られずに孤独感を膨らませることのないよう、話を聴くこと、一人ではないと伝えることが重要となります。

## 完璧主義、難なくこなさなくてはいけないという先入観

ギフティッド児の多くに完璧主義の傾向が見られます。完璧主義は、それが精度やレベルの高い成果を生み出すという点において、決して悪いものではありません。健全な完璧主義は時に必要です。成人後には、職種によっては小さなミスが大惨事につながることもあり、完璧であることが求められたりもします。

一方、子どもの頃は、完璧に物事を成し遂げるよりも失敗を通して学ぶ機会や心構えがより重要となります。失敗やミスを成長や成功のために必要な糧とみなすことができるような心の土台が培われる必要があるのが、子ども時代です。ところが、ギフティッド児の中には、周囲が期待するよりも高い目標を自ら設定し、そこにたどり着けない時に「自分はダメだった」「自分には才能がない」と考えてしまう子がいます。周りから見れば「十分ではないか」と思うような場合でも、そのように考えてしまいます。自分で納得がいかなかったので、せっかく取り組んだ課題の成果をビリビリに破いてしまったとか、なかな

か提出できないなどもあります。知能検査においても、「これで絶対に間違いない」と確信をもてるまで回答を示さないために時間切れとなってしまうこともあります。

完璧か失敗か、１００か０かではなく、自分がよりよくなっていく過程を自覚できるかどうか、つまり、その過程を字面ではなく実感としてわかることが重要です。いくら「失敗を怖がらなくてよい。失敗は大切だ。失敗をしてこそ成功できる」と言われても、実感は湧きません。スモールステップを踏み、試行錯誤を繰り返しながら小さな成功を味わいつつ目標に近づく経験を積み重ねることで、失敗も将来的な成功のために必要なプロセスであるという感覚を得ることができます。読書が好きなギフティッド児の場合、伝記からも同様のことを味わえるでしょう。特に最近は、偉人の意外な一面、特に「ダメな一面」とも思える側面を取り上げたり、諸々の偉業を成し遂げる過程での失敗に焦点を当てている本があり、単に逆境にも負けずに努力し続けた偉人という描写ではない本が増えています。これは、特に完璧主義の傾向のある子どもにとっては安心材料ともなりますし、偉人がより身近に感じられるでしょう。

完璧主義とは少し異なりますが、１００か０かの思考にとどまり、成長とともに「自分に才能などない」と考えるようになってしまうギフティッド児もいます。それは本人の特性によるところだけでなく、幼少期から受けてきた周囲からの反応と関係しています。ギフティッド児は習得力が高いため、同年齢の子どもよりもかなりたやすく物事をできるようになったり覚えたりします。それを見ている周りの大人は、素直に「すごいなぁ」と感じます。この時、その子に対して安易に「すごいね」と言わないようにする必要があります。というのも、その子にとってみればそれは何ら難しいことではなく、ごく自然にできてしまったことかもしれないからです。難なくできてしまったことに対して、ことあるごとに「すごいね」と言われ続けると、難なくこなすことができない物事や課題に出会った時（必ずいつかは出会います）、それらを簡単にできないのであれば「自分はすごくない」「自分には才能がない」「自分はダメな人間だ」と思うようになります。その子が試行錯誤や努力を積み重ねて成し遂げたことであれば、時に「すごい」と言ってともに喜び、褒めてあげましょう。しかし、その子にとって自然な形で身についていること、できていることに対して「すごい」と評価し続けると、その子の中に「簡単にできないのであれば、すごくない」「すごくないと価値はない」という壁を作り上げていくことにつながります。

たとえば、3歳で平仮名の読み書きや計算ができている子どもに「字が読めるの？ すごい！」「足し算ができるの？ すごい！」などのように言ってばかりいないか振り返ってみてください。そして、「すごい」の代わりに、「何読んでるの？ おもしろそうな本だねー」「どんなことが書いてあったの？」「何を計算しているの？」「これはどうなるの？」など、その子のやっていることに関心を向けているということが伝わるよう声をかけてみてください。年齢があがり何か難しそうなことを成し遂げた時でも、「すごい！」ではなく、「どうやってやったの？」「どうしてこんなこと思いついたの？」「これは、どうやって作ったの？」などのように応じてみてください。大人がその子のやっていることに関心を向けてくれているという姿は、結果如何《いかん》ではなくその子のやっていること自体に価値があるというメッセージを伝えることになり、ひいてはその子の中に、自分には価値があるのだという感覚を育てることにつながります。

## 知的好奇心の強さ

知的好奇心の強さはギフティッド児の知的能力だけでなく、社会情緒的な面とも関連する特性です。これは「知りたい！」という欲求が猛烈に強い姿として現れます。この知的欲求がどれほど強烈かは、３日間断食した状態で目の前にクッキーを差し出された時の「食べたい！」欲求を想像するとわかりやすいでしょう。それを抑えろと言うほうが無理難題であること、あるいは、抑えられない様子を見て自制心が弱いのだと結論づけるのはナンセンスであることもわかると思います。

この強烈な好奇心は、実際どのような様子として現れるのでしょうか。小学校入学前の段階では、保護者をはじめ周囲の大人は、「なんで？　どうして？」「これ、何？」などの質問攻めにあうでしょう。朝から晩まで尋問されている気分になることもあります。続いて、無類の読書（絵本）好きです。就寝前の読み聞かせどころか、家事もままならぬほどの「これ、読んで」攻めに、読み聞かせは多忙な育児のつかの間の休息時間どころか、まるで拷問だと感じることもあるでしょう。そして、親も知らぬ間に文字が読めるように、また書けるようになっています。書き順などは不正確かもしれませんが、入学前に読み書き、足し算引き算などはマスターしてしまっていることがほとんどでしょう。読み書きができますので、自分でどんどん本を読み始めます。もちろん、自分で読めても、紙芝居や絵本を読み聞かせてもらうのも大好きなままの子も少なくありません。興味のある分野の本であれば、実年齢よりも対象年齢の高い児童書を読むこともあります。ただ、小学校の段階で大学の専門書などを読んでいるというイメージは、ごく少数のギフティッド児にしか当てはまらないでしょう。

小学校入学以降も、読書好きは変わらないでしょう（読書好きは生涯続きます）。その程度は、「本が好きで優秀ね」と褒められる域を優に超え、「いい加減、本を閉じなさい！」と言いたくなるほどになります。また、物事の仕組みがどのようになっているのかを知りたいという強い思いから、いろいろなことを試したりもします。自転車、電話、パソコンを分解してみたと言って本人は満足げにしていますが、家族にとっては大惨事ということもあります。「苦いから噛《か》まないほうがいいよ」と言われた物を噛んでみては「しまった！」という顔をしたり、「熱いから触らないでね」と言われた物に触ってみて火傷《やけど》をしたりもするでしょう。

質問攻めは授業中にも起こります。最初は丁寧に応じていた先生も、それが矢継ぎ早になされるために授業進度に支障をきたすとか、その子の質問だけを取り上げているわけにもいかないとか、自分のミスをあげつらっているのではないだろうか等々、いろいろな思いが頭をよぎり、ポジティブに応じることが難しくもなります。あるいは、ＴＰＯを考えれば黙っているのが得策というような場面でも、知的好奇心が勝り、思わず尋ねたり、誤りを訂正することなどもあり、何も知らない人から「失礼な子」という眼差しを向けられてしまうような状況になることもあります。エレベーターの重量制限が気になり、あるいは非常に心配になり、乗ってくる人に体重を尋ねるなどの例は、時々耳にします。これも、通常、情緒的にはそのくらいの年齢の子どもであれば、重量制限などに関心を向けないとか、「積載」の字が読めないとか意味がわからないなどもあって、そのような質問をしないのに対し、ギフティッド児の場合は知的には理解できてしまい、情緒的には聞かずにはいられない年齢であるというアンバランスさからくるものでもあるわけです。

本来、知的好奇心の強さは学習の原動力となります。現在では、学校でも総合的な学習の時間など、子ども自身の興味関心に基づいて掘り下げられるような時間が設けられています。それらが十分機能していれば、知的ギフティッド児の知的好奇心がよい方向で発揮できる場となります。

ただ、誰もがそうであるように、知的好奇心は他者から「好奇心をもちなさい」と差し出されたものに湧き上がるものではありません。周囲の人間にとっては素通りしてしまうようなこと、あるいは興味などもてないようなことに、なぜか自分は放っておけない気持ちになる、関心が向く、もっと知りたくなるというのが、好奇心の本質です。これはギフティッド児も同じです。強烈に興味関心を向ける対象を周囲が指定することもできませんし、周囲の望みに適《かな》ったものとすることもできません。好奇心とは本来そういうものであるはずなのに、好奇心が猛烈であるがゆえに、「なんでそんな（役にも立たなそうな）ことに？」という思いを周囲の人々の心の中に呼び起こしてしまうことがあります。ここで再度思い起こしたいのは、小さなうちから誰が見てもわかるような形で秀でた才能を発揮している子どもはほとんどいないということです。才能の芽は、その子の好奇心の中に見え隠れするものなのです。

# 第四章　特徴の背景にあるもの——五つの過興奮性と非同期発達

この章では、ギフティッド児の激しさや繊細さをはじめとするさまざまな特性を理解するうえで基本とされている概念、五つの過興奮性（overexcitabilities：OEs）について見ていきたいと思います。過興奮性が現れる具体的な姿は、前章までに述べたギフティッド児の特性としての姿と重複する部分もありますが、それら特性の根源に流れているとされる概念との関係という視点から捉え直してみたいと思います。また、過興奮性は決してネガティブなものばかりではありませんが、学校生活ではネガティブな現れ方をしやすい点についても考えてみたいと思います。

過興奮性は、日本でも略してＯＥと呼ばれることもあります。これは、「知」「想像」「感情」「精神運動」「感覚」の五つの領域いずれかあるいは複数において、外からの刺激が通常想定されるよりも大幅に増幅して取り込まれ、さらに、その刺激に対して通常よりも増幅された反応が見られることを指しています。もとはポーランドの心理学者・精神科医であるドンブロフスキ（Dąbrowski, K.）[*1]の理論の一部で用いられている語を起源としています。ただし、ドンブロフスキの言う過興奮性は、非常に有能な人の人格発達過程で生じる危機的状況を乗り越えるのに必要なパーソナリティ要因として位置づけられていました。[*2]人間の最高の人格的な発達の段階に到達するために必須な先天的要因として、非常に高い知能とパーソナリティとしての五領域の過興奮性すべてが必要だと主張したのです。ですので、ドンブロフスキの理論内での過興奮性という概念は、知能が高ければ五領域の過興奮性のいずれかを伴うとは位置づけられていません。

ギフティッドに特徴的なものとしての過興奮性という概念は、同じくポーランド生まれの臨床心理学者で、カナダでドンブロフスキと共同研究もしたピエホフスキー（Piechowski, M. M.）により提唱されたものです。[*3]ピエホフスキーは、ドンブロフスキの理論をギフティッドの特性理解に応用して、過興奮性はギフティッドの激しさ・繊細さを特徴づけるもので、五領域いずれかの過興奮性をもち合わせることが多いと提唱しました。ピエホフスキー以降の過興奮性の位置づけは、ＡＤＨＤやＡＳＤと誤解されやすいギフティッド児の特性や、それらとは矛盾する特性を理解するうえで重要な概念と位置づけられました。[*4] また、表向きは障害を思い起こさせるような行動であっても、ギフティッド児の場合、その原因は脳内で一度に処理される情報量の多さと関連づけられることが脳科学の研究でも示されつつあり、過興奮性を裏づけるものと考えられています。[*5]

以下に、五領域での過興奮性がどのようなものか、どのような姿として現れるのか、順に見ていこうと思います。

## 知的過興奮性

知的過興奮性は、第三章で触れた猛烈な知的好奇心と直結するもので、知的欲求が非常に高いこと、また、習得が非常に速いこと、粘り強く追究する姿、特に真実を追い求める姿と関連します。また、物事を捉える観点が普通は思いつかないものとなることも珍しくありません。第一章で触れたように、ギフティッドの脳は、部位の間をつなぐ神経が平行に走っていること以外にも、より複雑な課題に取り組む時に両半球の前頭葉が左右対称に近い形で活性化するという特性があります。[*6] そして、これらが知識やスキルの習得の速さや、より複雑な課題に対して意欲が高まるという特徴を裏づけていると考えられています。

自ら難易度の高い課題に意欲的に取り組むというギフティッド児の特性は、幼少期から本を貪るように読み、教えてもいないのに（この「教えてもいないのに」が重要です）人一倍早い時期に文字の読み書きや計算ができるようになる、興味をもったことを率先して調べたり突き詰めたりしたがるなどが具体的な姿として現れます。

これは学習能力や学習意欲の高さにつながる特性で、一見、学力向上に有利に働く印象を受けます。自ら率先して知識を身につけ、探究心にあふれ、鋭い点をつき、論理的思考力のある子どもならば、授業などの学習活動をどんどん引っ張っていくのではないかと思われるでしょう。実際、そのような力がギフティッド児には備わっている可能性があります。

しかし、そのような能力に対応できるほどには、当該学年の教育環境が高度ではないのが実情です。というよりも、日本に限らず世界的に同様の状況があります。だからこそ、各国でギフティッド児のための教育制度や教育支援が求められているのです。先にも触れましたが、ギフティッド児が示す通常授業への反応としてもっとも多いのは、「退屈」です。ギフティッド児は授業の半分〜4分の3を「ただ待って過ごしている」という研究結果もあります。[*7] すでに知っていることばかりで新たな発見のない授業を受けることの辛さは、我々大人が、すでに知っていることばかり聞かされる講演会などに参加した時の辛さと同じです。ただし、大人はその退屈な状況から比較的自由に抜け出すことができますが、子どもは授業から同じように抜け出すことは許されません。仮にそのようなことをすれば、たちまち「座っていられない、多動傾向がある」と疑われるのが今日の現状です。

知的好奇心が強烈なため、たとえば先生の話などに夢中になり、思考力の高さから本質的な疑問が生じて思わず質問を口走ると、「人の話を最後まで聴けない」となることもあります。そうでなくても、答えに窮する質問や、時には誤りの指摘などを受けた教師が、そのような質問や指摘にその都度真摯に向き合うことは非常に難しいものです。さらに、漢字ドリルや計算ドリルなどのように、すでに身につけていることの単純な反復を宿題などで強要される（やらなければ注意・指摘されたり成績が悪くなったりする）ことも少なくありません。このようなことから、せっかく強烈な知的探究心のある子どもが学校での勉強に意欲をなくすのも、そう時間はかからないという状況にあります。

今日の日本の教育環境では、ギフティッド児の適応を促すという意図からではなくても、たとえば質の高い総合的な学習の時間で本質的な探究を自分のペースで進められる場が与えられたり、授業では学習していない範囲でもドリルを進めて構わないとしたり、あるいは、教師が「○回練習しなくてはいけない」と指定するのではなく、子ども自身が反復回数を決める方式をとるなどで、結果的にギフティッド児の知的な欲求を満たし、意欲低下を防いでいる学校もあります。ただ、必ずしもそのような学校ばかりではないというのも現実です。

## 想像の過興奮性

想像の過興奮性は想像力の高さや豊かさが該当しますが、これは創造性に必須のものでもあります。ギフティッド児には強烈な想像力があるので、思い描くものは非常にリアルで本人はまるでその想像の世界に生きているかのように没入します。就学前の年頃であれば、想像上の友だちが複数いて、友だちのために本当に夕食を作ってほしいとか、一緒に寝るので布団をもう一組用意してほしいと言う子もいます。ユーモアを生み出す力にもつながりますが、このユーモアは、ギフティッド児が遭遇する困難を乗り越えるうえでも貴重な支えとなります。[*8]

この想像力・創造力は、ともに今日の日本の教育で重視されているものですが、[*9]ギフティッド児の想像の過興奮性は、学校で必ずしもポジティブに現れるわけではありません。退屈な授業から抜け出すこともできず、質問や意見を述べても満足な応答が得られない、あるいは否定的な対応を受けることが続くと、ギフティッド児は授業中に想像の世界に入り込む（白昼夢を見る）ようになります。これは傍から見ると「ボーッとしている」姿に映り、実際、その間に先生が出した指示などは耳に入っていないため、「不注意の傾向がある」と解釈されることが珍しくありません。

### 感情の過興奮性

これは、親がまず気づくことの多い過興奮性です。わが子の複雑で強烈な感情が噴出するのをたびたび目の当たりにするためです。公平性、公正さへの強烈な関心は感情の過興奮性と相まって、非常に激しい反応を引き起こします。不当な扱いや不正に対して並々ならぬ怒りをあらわにすることもあります。強烈な感情はネガティブなものばかりではありません。喜怒哀楽すべてを強烈に感じ、それを表に出します。嬉しすぎて泣きたくなったり、喜びすぎて怒っているように見えたりと、尋常でない感情の激しさが表に出されることもあります。傍から見ると些細なことに尋常でなく激しい反応を示す子どもを前にして、多くの大人は心配になります。その感情を引き起こす原因の存在に気づかないと、双極性障害ではないかと考えてしまう場合もあります。

また、非常に共感性が高く、他者の痛みを我がことのように感じたりもします。痛みを感じている当の本人よりも激しく号泣することもあります。この共感性の高さは、ギフティッドとASDとの違いの一つの重要ポイントとしてあげられています。[*10] 責任も強烈に感じることから、不健全な完璧主義や自分への過度のプレッシャーにより疲弊してしまうこともあります。ギフティッド児の感情の過興奮性を裏づけるような脳の特徴としては、感情に関する情報伝達や共感性にかかわる脳の部位の容積が大きいことや、[*11] 感情の伝達にかかわる部位同士の結合が強いことが[*12]示されています。

### 精神運動の過興奮性

精神運動の過興奮性は運動の得意不得意ではなく、エネルギーにあふれている状態と言えます。早口や燃え上がるかのような熱中、感情があふれ出すとおしゃべりがとまらなくなるなどが、非常に特徴的な例です。あるいは、楽器の演奏はものすごく得意だけれども演奏会でじっと座って聴くことは苦手ということもあります。とにかく何か質問したりしゃべったりしているばかりだと感じられる子もおり、周囲からすると、お願いだから少し黙っていてほしい、という状態になることもあります。

精神運動の過興奮性がある子どもや大人は、精神的には物事に集中しているような場合でも無意識に身体が動いて多動のように見えることがあります。また、気が張り詰めるとチックや爪噛み、貧乏ゆすりなどが見られたり、身体がやはり無意識に動くこともあります。これらのことから、ＡＤＨＤと誤診される可能性が非常に高いと言われています。

退屈な授業の最中に「じっとしている」ことを強要されるのは、どの子どもにとっても辛いものです。特にこの過興奮性がある小学校低学年のギフティッド児の場合、「知っていることばかり」の授業中に落ち着きがなくなる、立ち歩く、教室から出て行くなどの行動が見られたりもします。その際に、ＡＤＨＤ以外の原因もあると知っておくだけで、対応策として考えられることがずいぶんと広がるでしょう。

## 感覚の過興奮性

感覚の過興奮性のあるギフティッド児は、心身の感覚を増幅して感じており、いわゆる感覚過敏と呼ばれる様子を見せます。これは、視覚、嗅覚、味覚、触覚、聴覚すべてに当てはまります。たとえば、洋服のタグが痛くて切り取らなければ着ることができない、靴下の縫い目が痛くて履けない、蛍光灯のちらつきが不快で集中できない、化粧品の匂いに気分が悪くなってしまう、歯磨き粉が辛くて使えない、人混みに疲労困憊するなどです。敏感な反応はポジティブな状況にも見られるという点が大切でしょう。自然豊かな場所の風の香りや感触などに喜びを見出す、繊細な味の違いに気づくことができる、などがその例です。感情の過興奮性と相まって、人生を非常に豊かにする原動力ともなります。

脳内で処理される情報は知的なものだけではありません。感覚的な情報も処理されます。

知的な情報、感覚的な情報ともに、ギフテッド児の脳は一度に大量に処理される状態であるため、上記のような様子が見られると考えられています。

日本では、「発達障害の子どもには感覚過敏の子が多い」と言われていたものが、いつのまにか「感覚過敏であれば発達障害の可能性が高い」に置き換わってしまったかのような風潮があり、発達障害の早期発見が強調されて以降、特に幼少期のギフテッド児に感覚過敏があると誤診につながる可能性が高いことが推測されます。

## 過興奮性という概念の課題

ドンブロフスキの言う過興奮性とギフテッド児の特性としての過興奮性とは異なる部分があるという点は前述のとおりですが、重なる部分もあります。まず、精神運動と感覚の過興奮性だけではギフテッドの特性とは言えず、知、想像、感情の過興奮性がギフテッド児を特徴づける過興奮性だとされている点です。[*13] ピエホフスキーも、過興奮性が表出される程度の違いに留意すべきだとしたうえで、特にギフテッド児の精神運動の過興奮性の現れる姿とADHDやASDとの重複を認めています。[*14] 次に、ドンブロフスキが注目した過興奮性に相当するものとして、ハイリー・ギフティッド児（目安：FSIQ145～159）やプロファウンドリー・ギフティッド児（目安：FSIQ180以上）のように、ギフティッドの中でも特に知能の高い子どもたちが複数の領域での非常に高い過興奮性をもち合わせているケースを位置づけた点があります。このようなケースは、一つの領域で過興奮性を見せるギフティッド児とはまったく質が異なると考えられています。[*15]

心理学的には、過興奮性だけでギフティッドかどうかを判定できるほどに、関連性が証明されているとは必ずしも言えません。[*16] これが、ドンブロフスキの主張した本来の過興奮性の意味を再び的確に捉え直す動きを引き起こしています。ギフティッド児の特性の的確な理解を支えるものとして過興奮性の概念が役立っているのは事実ですが、その証明のためにはさらなる研究が必要とされます。

## 非同期発達

非同期発達（発達の非同期性とも言われます）とは、発達の領域により発達の度合が異なるということで、これもギフティッド児の多くに見られる特性の一つです。どの領域とどの領域の間に差があるのかには個人差もあり、どのように領域を分けるかの考え方によってもさまざまですが、もっとも主要なものとしては、知的側面の発達と社会情緒的側面の発達の程度の違いがあります。ギフティッド児は、知的能力は実年齢よりも進んでいるのに対し、社会情緒的年齢は実年齢相応あるいはそれよりも少し遅れていることがあります。少し乱暴ですが、「知的能力だけ発達が早い」と捉えるとわかりやすいでしょう。ギフティッド児は、実年齢よりもはるかに物知りだったり、推論力があったり、抽象的概念の理解が進んでいたり、大人びた話し方をしたりします。このような子どもと接する大人は無意識のうちに、その子の実年齢よりも高い判断力や情緒的反応、社会的反応を期待してしまいがちです。

たとえば、傍から見ると些細なことで癇癪《かんしゃく》を起こすギフティッドの幼児を見て、周囲の大人が、「あれほど大人っぽいことを言うのに、どうしてこんなことで、こんなにも子どもっぽい反応をするのだろう？　なぜ我慢ができないのだろう？」のように戸惑うことがあります。幼児に限らず、ギフティッド児の中に不釣り合いな幼さを感じる場面にたびたび出会うでしょう。また、知的には実年齢よりも上の年齢向けの本を読むことができても、情緒的にはその内容を受け止めきれないということもあります。そうすると感情の過興奮性も相まって、かなり激しい反応を引き起こすことが想像できます。身近な大人が、ギフティッド児の読む本をある程度吟味する必要があります。

日本にはありませんが、極端な飛び級の際にも同様の問題が生じます。特定の科目だけ数学年上のクラスで一緒に授業を受けるのであればそれほど大きな問題とはなりませんが、たとえば12歳で高校生、大学生などとなりますと、おのずと高校生や大学生との生活時間が長くなります。知的な話題では対等に話ができるかもしれませんが、生活する中での話題にはさまざまなものがあり、それらには社会情緒的要素が多分に含まれています。この点において、12歳のギフティッド児は12歳であり、大学生ではないということが、困難につながる場合もあります。

非同期発達を考える際の領域をさらに細かく分けると、同じ知的能力でも教科ごとあるいは、たとえば同じ算数でも単元ごとに能力間の差が大きいことがあります。また、知能検査においても前述のような指標間の得点の開きが大きいこともあります。

ギフティッド児の言動をアンバランスに感じる時、特に社会情緒的に遅れているように感じる時、情緒面を成長させようと引っ張るのではなく、その子の気持ちや感情は、その子にとっては真実であるという前提のもとに応じることが大切でしょう。自分の感情を受け入れてもらえた、という経験を積み重ねることで、その子の内に、ありのままの自分でよいのだという自信が生まれ、思春期を過ぎる頃にはたくましくなっているでしょう。

# 第五章　日本のギフティッド研究や実践を遡って見えること

## 日本は遅れている

日本のギフティッド児支援や教育の立ち遅れは、広く認識されている事実です。ギフティッド教育に関する国際的なハンドブックには、日本も諸外国に負けず劣らずギフティッド教育がなされているように読める内容もあったり、国際学会などでは、「え？　日本にはギフティッド教育制度がないの？　信じられない！　だって、日本人は頭がいいじゃない！」と驚かれることもたびたびありますが、ウェブは日本の状況をよくご存じでした。アメリカのギフティッド専門家の中には、日本のギフティッド児支援の立ち遅れを認識している方々も少なくないのかもしれません。

日本のギフティッド児支援やギフティッド教育の立ち遅れの原因として、日本は平等主義、「出る杭《くい》は打たれる」気風が強い点をまずあげる声があります。また、戦後教育の画一化に原因を求める声も少なくありません。私は、これらも原因の一つではあるだろうと思いつつも、どこか引っかかりを感じていました。

## ◎いわゆる「平等主義」は世界中にある

まず、日本は平等主義だからという点についてですが、ここで言われる平等主義には、知的能力が高い子どもに特化した教育の機会は、もともと秀でていたり簡単に習得できる子をさらに伸ばして、他の子どもとの差を大きくするという点において平等ではないという考えがまずあります。そして、むしろ学習に困難のある子どもに支援をして他の子どもとの差を縮めることが優先されるべきだ、という考えも含まれます。本節では「平等」とは何かという議論の詳細はさておき、ギフティッド教育制度はそのような立場からの批判を受けているということについて考えたいと思います。

実は、日本に限らず世界各国でギフティッド教育制度に対して egalitarian（平等主義）

の立場からelitism（エリート主義）だという批判があり、各国のギフティッド児支援を推進しようとする人々は苦戦しています。egalitarianという語はマーランド・レポート[*1]内にも出てきますし（第一章参照）、アメリカ心理学会（American Psychological Association：APA）の会長でもあったフォックス（Fox, R. E.）も、以下のように述べています。

「ギフティッド児や成人ギフティッドの問題に特化するということは，貧困者や学習に困難を示す生徒の問題を優先すべきだとする社会においては，とかくエリート主義者や非民主的と思われるのである。（中略）これは今に始まったことではない。（中略）

米国のような民主主義社会に対して，ギフティッド児の社会的・情緒的ニーズに注目し，重点課題とするよう求めることは問題視されてきた。（中略）この風潮は我が国の創立以来続いている。（中略）（ギフティッド児の支援や弁護）のためには，人を疲弊させるほどの弛まぬ努力が要される。それはちょうど，膨らんだボールに指を押しつけているようなものだ。指を押しつけている間はボールは凹む。しかし，その指を放した途端，ボールは元に戻ってしまう[*2]」（カッコ内は著者による）

以前、私は北欧のギフティッド・スクールの見学ができるかどうか、知り合いを通して現地の教育関係者に伺ったことがあります。その返事のメールには、ギフティッド教育に対して「不平等でけしからん制度だ」という趣旨の文面が含まれていたことを今でも覚えています。面識のない人へのメールにそのような内容を書くというのは、どれほどの不満や怒りが鬱積されているのだろうかと、はたと立ち止まってしまいました。WCGTC（World Council for Gifted and Talented Children）でも、オーストラリアやニュージーランドからの参加者や発表者が"Tall poppy syndrome"（成功した人をねたむこと）が根強いと言うのをたびたび耳にしました。

もちろん、日本は欧米とは比べ物にならないほどに強い平等主義の国だという見方があるかもしれません。ただ、前述のようないくつかの例を直に見聞きするほどに、日本の平等主義をギフティッド教育や支援の立ち遅れの大きな原因とすることに納得できず、何か他に原因があるのではないかと感じずにはいられませんでした。

## ◎戦後教育の画一化が日本の立ち遅れの原因なのか？

続いて、戦後教育の画一化が原因かどうかという点をめぐり、そうであるならば戦前はギフティッド児にやさしい環境だったのだろうかと、素朴に知りたくなりました。あるいは、戦前はギフティッドという概念などなく、いわゆる「すべての子が認められ力を発揮できる」教育だったのだろうかとも思いました。

２０２１年に始まった「特定分野に特異な才能のある児童生徒に対する学校における指導・支援の在り方等に関する有識者会議」とそれに続く事業が社会的にも注目され、国内初のギフティッド児支援政策だと思われがちですが、実は、ギフティッド児をめぐる研究や政策は明治時代まで遡ることができます。

# 日本にも明治時代から「ギフティッド児支援が必要」と叫ぶ専門家がいた

## ◎乙竹岩造《おとたけいわぞう》と榊保三郎《さかきやすさぶろう》

明治時代の終わりに、教育学の立場から乙竹岩造、医学の立場から榊保三郎が、ギフティッド児への理解と教育的配慮の必要性を訴えました（「ギフティッド」のことを乙竹は「穎《えい》才《さい》」[*3]、榊は「優等児」[*4]という語を用いて記しています)。その背景には、義務教育の急激な普及に伴う学力格差の拡大がありました。乙竹、榊両者の主張は、今日においてもギフティッド児の支援や教育において重要とされているポイントを押さえています。

乙竹は、特別な学級や制度のもとで英才教育を行うことには消極的で、通常学級内で優秀な教師による配慮ある教育により、ギフティッド児への教育がなされるべきだと主張しました。優秀な教師とは、「①知的にも道徳にも優秀な人間であること、②生徒の能力や適性や動機づけを正しく把握していること、③未来の英才たちが働く社会をよく知っていること」としています。[*5]教師が優秀であることは、ギフティッド児に限らずすべての子どもたちへの教育効果を高めることが、今日実証されています。[*6]

榊は精神医学者で、南真紀子の「榊保三郎と『優等児』研究」[*7]によればギフティッド児を七つに分類しました。[*8]その分類の基軸として、顕在化された才能と潜在的才能とを分けている点に特徴があるとされています。その分類の1番目が「天才児」、2番目が「真の優等児」です。次いで3番目に「学業優等児」があり、これは「仮の優等児」の1カテゴリーとされ、才能は中等度だけれども家庭環境などの環境要因のために優秀な成績を収める子どもで、「真の優等児」とは異なると位置づけられています。知的ギフティッドと学業ギフティッドとを明確に分け、知的ギフティッドではない学業ギフティッドに相当する子どもを「仮の優等児」としていると考えてよいでしょう。そして4番目に「早熟児」、5番目に「神経症傾向に誘発された学業熱心」として、負けず嫌いや叱られる恐怖心から勉学に励み成績優秀となる者を位置づけ、6番目に「情緒障害だが、知性は優れている」者、7番目に「身体虚弱な優等児」と分類しています。「神経症傾向に誘発された学業熱心」は現在のギフティッドにおける不健全な完璧主義者に通ずる特性をもっていると考えられます。「情緒障害だが、知性は優れている」者は、情緒障害や発達障害に該当するのではないかと南は記していますが、過興奮性の概念が当時まだなかったために、ギフティッドの過興奮性が目立つ子どもも「情緒障害だが、知性は優れている」者に分類されていたり、2E児も該当するのだろうと考えられます。7番目は「身体虚弱な優等児」ですが、ギフティッドの概念に身体的な頑健性も含まれていたことがわかります。なお、榊は1909年に福岡女子師範学校附属小学校にて「優等児」の調査研究を行い、「優等児」は身体的に強健で発育状態もよいという結果を得ていました。[*9] この研究は、ターマンによる高知能児の追跡研究成果が発表される前であることから、その影響を受けていたわけではないだろうと推測でき、むしろ、美術教育で知られているローウェンフェルド（Lowenfeld, V.）の影響を受けたとされています。[*10] ターマンによる研究が公表される以前に日本でもギフティッドの研究がなされていたという点は、認識に価する歴史だと思います。

乙竹と榊両者のギフティッド（両者の言葉では「才能」）やギフティッド教育の概念は大きく異なると指摘されています。[*11] いろいろな違いがありますが、もっとも大きなところでは、乙竹が社会貢献を視野に入れたギフティッド教育の必要性を論じているのに対し、榊はギフティッド児を才能もリスクも高い対象と捉え、教育病理学に基づき、子どもの健全な発達に教育が寄与する可能性を見据えたという点があるでしょう。この二つの立場は今日においても通ずるものがあり、精神医学専門という立場にある者がギフティッド児のリスクに目が向くのも、国や時代を超えて共通する傾向です。個人の健全な発達や欲求充足が結果的に社会貢献につながるという考えが、エリート主義に陥ることのない、一つのバランスのとれたギフティッド教育のスタンスとなるでしょう。

◎森重敏《しげとし》

その後、しばらくは目立ったギフティッド研究がありませんが、１９４０年代、教育心理学者である森重敏が、ギフティッド児について「優秀児」という語を用いて、その特性、支援や教育的配慮の必要性を論じました。[*12] 森は１９４８年を皮切りに、精力的にギフティッド児の研究発表と啓発を推し進めていきます。私が直接読んだものだけでも10以上の文献があります。[*13] 中には発達心理学や教育心理学を学ぶ学生の必読書、テキストのようなものもあります。それらのもととなる研究は、三光小学校（東京都港区）と柿ノ木坂幼稚園（東京都目黒区）の優秀児の発掘と追跡、児童相談所来所優秀児の追跡、大阪抜群優秀児の追跡、京都師範付属小学校第２教室の生徒についての同窓会名簿を使っての追跡などです[*14]（学校・園名の表記は森の『わが国における優秀児の心理学的研究』に倣った）。今でも容易ではないギフティッド児の追跡研究をしている点で、今後の日本でこれ以上緻密な研究が可能なのだろうか……と、ため息が出てしまうほどです。

一連の調査結果から得られた知見には、今日にそのまま通ずるギフティッド児の理解と支援のポイントや課題がたくさんあります。

ギフティッド≠天才

どのような子どもをギフティッドと判定するかという点について、森の注目するギフティッド児も、榊のものと同様に知的ギフティッドが該当します。森はギフティッド児を「優秀児」として、天才児（genius）よりも「広い意味をもつ」としました。そして、その呼び名も「天才」から「優秀児あるいは英才児という平凡な呼び方」に変えることにより神秘性を帯びた諸特性を払拭すべきだとしています。この点は、ギフティッドは天才（ばかり）ではなく、一見普通に見える子どもの中にもいるという、今日求められる理解の一つです。

ギフティッド≠学業優秀

さらに、「『できる』といっても，優秀児がすべて学業優秀というわけではなく，なかには，そのすぐれた能力のわりに学業が振わない児童もいる。この点は，優秀児の指導上大いに留意しなければならないところであるが，要するに，優秀児はすなわち学業優等生であるとか，逆に，学業優等生すなわち優秀児とは，必ずしもいえない[15]」とし、「優秀児」と「学業優等生」を混同してはならないと注意喚起しています。つまり、学業成績が優秀な子どもが必ずしも知的ギフティッドであるとは言えないことへの注意喚起がなされ、知的ギフティッドのアンダーアチーブメントの問題を的確に捉えています。森自身の調査分析結果からは、ギフティッド児は気質的にも恵まれていることが示されていますが、それはギフティッド児を学校生活でも優秀とみなされている子どもだけに限定したということではありません。むしろ、性格も含めた優秀児の良さが、不適切な学校環境の下でつぶされ「〝不適応児〟と見なされている場合も多い[16]」としています。さらに、その判定方法としては、単に知能検査でのＦＳＩＱの値だけを基準にするのではなく多様で変化のある判別手続きを取るべきだとしています。

## ギフティッドは異常ではない

森の研究から示されたギフティッド児の特性は、知的にもパーソナリティも身体面も調和的に発達し、その優秀性は成人後も続き、大半は大学教授や医師等の知的職業に就いているというものでした。いわゆる、「天才の異常説」を否定するという点で、ターマンの追跡研究結果を支持するものとなりました。

## やりがいのない学校教育が原因で困難が生じる

それでもやはり、ギフティッド児には困難が伴うこと、学業不振に陥ることも認めており、それは、知的チャレンジ——やりがい——のない教育環境に晒され続けることが原因だとして、それまでの諸外国の研究を概観する形で強い警告がなされています。

## 困難だけではギフティッド児かどうかはわからない

優秀児の不適応については、『優秀児 その心理と教育』の中に、相談所に来所した幼児の該当事例が掲載されています。*17 S幼稚園で、友だちに対して乱暴するために先生たちに嫌われ、2か月で幼稚園から断られ、6月にT幼稚園に転園した。そこでも乱暴し、友だちの親から敬遠され遊び相手がいなくなり、1月中旬に相談に来た事例となっています。WISCのFSIQが159という高知能児で、「人なつっこい子であるのに、遊びや興味が他の子どもと違うため、どうしても集団のなかへうまくとけ込んでいけない、対立していなければ孤立しているという状態が多かった。そこに不満があるらしく、何か不安定な感情がみられた。その代償なのか、先生や年上の人たちに甘えたがる。また怒りっぽく、かぁっとなったり、泣き虫になったりもする。おせっかいのところもある[*18]」という特性の子が、相談所の支援を受けながら適応していく過程が記されています。

この研究で注意すべきは、次の点です。このようなケースを、森は「普通、よくみかける適応の問題として取り上げることができましょう。一般の普通児の適応問題であれば、問題児の問題として常に起きていることですが、優秀児であるために、特別に問題が目立ったというにすぎないのです[*19]」と言います。相談所でさまざまな相談にあたっている森が、「通常よくある問題」と位置づけている点にハッとさせられます。つまり、幼稚園から排除され、友だち関係がうまくいかず感情の激しい子どもと聞くと、今日の日本では「ギフティッドかもしれない」と感じる人が少なからずいますが、「必ずしもそうではない」と森は言っています。この研究を通してこの子がギフティッドであることを決定づける情報は、FSIQ159以外には何もありません。この事例にあげられたような社会情緒的特性がある子どもは、ギフティッドでなくても存在するという点に特に注意が必要です。ギフティッド児に共通に見られるとされる社会情緒的特性はあるものの、その情報だけでは、ギフティッドの可能性を視野に入れることはできたとしても判定することはできないという点は、今日も求められるギフティッドの的確な理解の一つと言えるでしょう。

**ギフティッド研究や教育実践の立ち遅れと、その目指す方向**

非常に精力的な研究を進めた森は、日本のギフティッド研究や教育実践の立ち遅れを指摘するとともに、ギフティッド教育の主眼が国の人材育成となることへの警鐘を鳴らしています。

「わが国のように，優秀児教育が，教育制度の面でも，したがって，もちろん実際面でも行なわれていない現状においては，優秀児およびその教育に関する教育心理学的な問題は，実際に多く，今日ほど，こうした研究が要請される時はないと思われる。

それは，ひとつには，前述のように，本来の優秀児教育がわが国では実際に行なわれていないにもかかわらず，従来，『英才教育』とか『タレント養成』とかいうことばが安易に使われ，あたかも優秀児教育が行なわれているかのように一般に間違われやすい現在であり，さらには，たとえば，先に『人つくり』といい，最近では『期待される人間像』とかいわれることばの奥に，産業界などが期待している『能力の開発』が要望されているような現在だからである。（中略）もし将来，優秀児の特殊教育が，ただ一時的な社会目的や国家目的による，能力開発を目ざす『英才教育』という形で開始されるようなことにでもなれば，筆者のいう本来の優秀児教育とはまったく違ったものといわなければならない」[*20]

大人の望む人材育成に利用されるのではなく、ギフティッド児本人の全人的発達を目指した教育が求められるというスタンスは、ここ数年の「特定分野に特異な才能のある児童生徒に対する学校における指導・支援の在り方等に関する有識者会議」で大切にされてきたことと一致し、少し希望が見えるような気もします。

◎**大伴茂**

ギフティッド≠天才

心理学者の大伴茂は、自身の研究の総まとめとなる『日本天才児の心理学的研究』[*21]の中で、「天才児」（「ギフティッド児」を大伴は「天才児」と表記しました）をベートーヴェンやモーツァルトなどの「天才」と区別しています。ギフティッド児（「天才児」）と「天才」の大きな違いとして、ギフティッド児の場合はまだ子どもであるという年齢からの制約が、内在する素質の発揮を多かれ少なかれ制限するだろうとしています。また、才能の発揮には気質がかかわるであろうことも示唆しています。さらに、ベートーヴェンやモーツァルトのような天才でも、子どもの頃にも年齢から期待されるよりもはるかに秀でた才能が顕在化されていたとはいえ、子ども時代に成し遂げたことそのものが絶対的に卓越していたわけではない点を指摘し、成人期以降の天才には必須の「卓越した業績」をギフティッド児に求めることは不適切であるとしました。この強調点は、今日非常に重要とされていることと一貫しています（第一章参照）。

ギフティッド≠学業優秀

大伴はまた、天才児を「知能天才」（知的ギフティッド）と「技能天才」（芸術やスポーツのギフティッド。タレンティッドと呼ばれることもある）に分け、大伴自身は「知能天才児」の研究を進めました。そして、知能天才を「早熟」と「晩成」に、「早熟」をさらに「真性知能天才」と「仮性知能天才」に分け、後者は真実の知能天才児（知的ギフティッド児）ではないとしています。そして、両者がしばしば混同される点を問題として指摘していま す。[*22]「仮性知能天才」は、大きくは榊の「学業優等児」（148ページ参照）、森の「学業優等生」（152ページ参照）に相当すると考えられます。そして、大伴も、知的ギフティッド児の見落としや、学業優秀児がギフティッド児とみなされる問題を指摘しています。

「晩成」については、エジソンやダーウィンなどを例にあげ、子ども時代に並外れた素質を発揮する機会がなかったことや、保護者や教師がそれを見出す方法を知らなかったことに原因を求めています。そして、彼らの才能がより早期に顕在化されなかったり認められなかったりするのは「教師の不明によるものと断ぜざるを得ない」と、教育に厳しい目を向けています。

## ギフティッド研究の立ち遅れ

大伴は、ギフティッド児の支援の必要性だけでなく、研究の立ち遅れについても指摘しています。つまり、欧米諸国のギフティッド研究が非常に精力的になされている状況を紹介し、対する日本の研究はいかほどかと嘆いています。1960年代には、すでに十分立ち遅れていたのです。自身では集団式ではありますが知能検査を用いて戦前（1920年代）からデータを収集しました。小学生14万8372人から「発掘」された「天才児」1858人、中学生、高校生の「天才児」2887人という、大変大規模なデータをまとめ、戦後（昭和36年）に『日本天才児の心理学的研究』として出版したのです。日本でこんな調査が可能なの!?　という規模に度肝を抜かれます。

## 個のニーズに応じること

大伴の研究からは、「画一教育」への批判が大正時代にすでにあり、大伴の調査がちょうどそのタイミングにあったことがわかります。当時の一斉授業への批判とそれに対する大伴の考えは現代にも通じる部分があります。大伴自身は一斉授業を真っ向から否定するのではなく、個人のニーズに合った教育の必要性を論じており、そのニーズの把握のために「教育診断」（知能検査など）が必要だというスタンスにありました。個のニーズに適合した教育環境の提供の必要性とそのために必要な知能検査という考え方が、ギフティッド研究の断絶とともにその後途絶えてしまったのであれば、本当にもったいないと思います。一方、個のニーズに応じる教育の必要性は大正時代から叫ばれていたにもかかわらず、なぜ今日までそれが課題であり続けているのか、現実的な教育のあり方を考えることが大切だとも思わされます。

◎いくつかの実践例

「ギフティッド」という言葉は使われていなくても、ギフティッド児への教育という意識が教育者側にもあった実践例もあります。大正期の1918年には「第二教室」と呼ばれる、ギフティッド児のための特別学級が京都府師範学校附属小学校に設けられ、[*23]それは後に森による追跡研究[*24]の対象となりました。また、戦時中は、その功罪の議論は別として

「特別科学学級（科学組）」と呼ばれる実践がなされました。

最近では、大学への飛び入学制度がありますが、これは１９８９年発足の中央教育審議会の中で「特定の分野などにおいて特に能力の伸長が著しい者について大学入学の年齢制限緩和など教育上の例外措置を講ずることの可否について検討する」という検討項目が含まれたことに端を発しています。[*25] 他にも、スーパーサイエンスハイスクール、大学や企業などが主催する子ども向けの講座、あるいは、偏差値別の高校入試制度や都心の難関私立中高一貫校などが、結果的にギフティッド児の支援を担っていることもあり、日本のギフティッド教育制度と解釈される場合もあります。ただし、いずれもギフティッド児の社会情緒的特性までは考慮されていない、あるいは、これらの制度内で生徒に直接かかわる教師や講師が、科学などの才能の領域こそ意識しても、ギフティッドの特性についてはほとんど意識せずに取り組んでいるという点において、ギフティッド教育制度として機能しているとみなすことは難しいでしょう。

### ◎ブームに終わらせない

日本にも古くから、非常に精力的な研究や、今日にも通ずるギフティッド児支援の必要性を提唱する研究者がおり、また、その目的の功罪は別として、ギフティッド児教育の実践までなされたことがあるということは、認識に値するでしょう。ただし、それがいつの時代も、ほんのいっときで終わってしまったり、ごく一部の研究者の問題意識にとどまっていたこと、前出のフォックスの言葉を借りれば、「ボールを押す時間が短く押す人が少なすぎた」ことが、日本におけるギフティッド児支援の立ち遅れの大きな原因の一つなのだと考えられます。そして、これまで日本でボールを押す人が限られていた、ギフティッド研究が広がらなかった一つの原因として、「優秀」「英才」「天才」「才能」という用語があったということは想像に難くないでしょう。これらのもととなる英語はいずれもgiftedです。日本でも、ギフティッド児に関する数々の貴重な研究や啓発がなされ、その中身をじっくり読めば、確かに支援が必要な対象であることがわかるのに、入り口となるタイトルにこれらの用語が使われていたことで、その支援や教育の主要目的が才能伸長であると誤解され、平等主義と相まって批判されてきたのではないだろうかと考えられます。心理や教育の専門家が読むべき本にも、森により膨大な情報が記されていたにもかかわらず、

「優秀」という用語がそのタイトルにつけられたがゆえに、専門家でさえギフティッド児に目を向ける必要性を強く感じることなく素通りし、立ち止まって中身を見ることなく終わっていたという経緯があるのではないかと思わずにはいられません。

一方、榊や森をはじめ、早期に、国の人材育成としてのギフティッド教育ではなく、ギフティッド児本人のニーズの充足や自己実現に重きを置いた立場が、日本のギフティッド児支援を先導してきた人々の間に確固としてあり、それが今日に至るまで非常に大切にされてきている点は、方向性としては間違ってはいないと考えられます。ここ数年のギフティッド児支援の流れが、一時的なブーム、一部の研究者の間での流行り物への飛びつきとならぬよう、先を急がず、日本に蓄積された確固たる信念のもとに地道に根を張っていくことができたらと、希望も膨らみます。

# 第六章　システムや制度ではなく実態から入る教育的配慮

## 代表的なギフティッド教育制度――早修・拡充・能力別編成

この章では、諸外国でギフティッド教育制度として取り入れられることの多いものを概観します。まず、早修（標準よりも早期に履修する）、拡充（内容を深く掘り下げる）、能力別学習集団編成（能力別編成。能力が同程度の子どもを同じグループやクラスにする）に触れた後、それらの実際的な意味を考えてみたいと思います。

### ◎早修とその有効性

早修（acceleration）とは、特定教科あるいは全教科の飛び級、早期入学、早期卒業なども含め、通常より早期に所定の内容を学習することを意味します。その方法は20種類以上あるとされています。全般的に見るとギフティッド児の適応や才能発揮には有効とされており、特にアメリカの研究でその意義が高く評価される傾向があります。[*1]

早修というと「飛び級」がすぐにイメージされる傾向がありますが、実は、世界的に見ても、全教科の飛び級、つまり、学年をまるまる飛ばすことは、あまり導入されていません。[*2]多く取り入れられているのは、中学校以降で特定の教科だけ別枠で授業を受ける「curriculum compacting/telescoping」という方法で、たとえば、標準的には2年間で習得する内容を18か月間で終えるなどの方法がとられます。日本では、中高一貫校などで6年分の学習内容を5年間で履修するような学校がありますが、これが実質的には早修に相当すると言えます。早修がギフティッド児の学業成績に与える効果については、「そここそ意味のある（大きくはないが、無意味ではない）効果が期待できる」という研究結果が出されています。早修、拡充、能力別編成の中では、もっとも大きな効果があるということもわかっています。[*3]

留年が子どもに与える影響を調べた研究からは、弱いながらも中退などのネガティブな影響があるとされています。そして、ギフティッド児にとっては、飛び級をせずに同年齢集団のクラスに所属させられていることが、「退屈、意欲喪失、成績悪化、中退率増加」という点で、留年に相当する悪影響があるとされています。[*4]

一方、学校や心理臨床の現場などからは、飛び級への懸念の声がなくなりません。つまり、同年齢の仲間とかかわる機会が少なくなることに対する懸念、学習集団の大半の仲間よりも情緒的に幼いことに対する懸念などがあります。これらが、世界的に見ても、学年まるごとの飛び級があまり普及しない大きな理由ともなっています。

以前、大学院に通う小学校の校長先生が、ある小さな女の子の話をしてくださいました。その先生がアメリカの高校を視察した際、一人だけ小さな女の子が参加していたそうです。彼女は授業中も休み時間も一人ポツンとしていて、見ていて「大丈夫なのかな?」と感じたことがあったそうです。そして、私のギフティッドに関する講義を聴き、「あの子はギフティッドだったんだ、そういうことか」とわかったというのです。

飛び級がギフティッド児の社会情緒的発達に悪影響を及ぼすということは、大勢のギフティッド児を対象とした大規模な研究により示されているわけではありません。しかし、学校の先生や心理臨床に携わる専門家たちは、この校長先生が見たのと同じような光景を日常的に目の当たりにするため、感覚的に推進できないと思うのでしょう。どの程度の学年を飛び越えるのか、飛び級や早期入学の程度も影響するだろうと言われています。ウェブとその奥様でギフティッド教育に携わっていたゴア（Gore, J. L.）とお会いした際、「今は極端な飛び級の悪影響について警鐘を鳴らしているところだ」とおっしゃっていました。

◎**拡充とその有効性**

拡充（enrichment）は、学習単元を先へ先へと進めるのではなく、学習内容を深く掘り下げるタイプの教育と言えます。日本では、発展的な学習や充実した質の高い総合的な学習の時間がその役割を担いうる場となります。拡充は実践家の間で早修よりも受け入れられやすい方法ではあるのですが、早修と比べて教材開発や専任教員の確保など非常にコストがかかるという点で取り入れられにくさがあります。拡充の有効性を検討した研究結果からは、強い有効性が支持されたとは言えない状況にありますが、それでも早修に次いで意味があるとされています。[*5] この背景には、知的能力が標準あるいは低い子どもたちは、ある程度型の決まった学習環境で力を伸ばすことができるのに対し、知的能力が高い子どもたちは自ら問いまた答えを探す発見学習など、型にとらわれない学習環境で力を伸ばすことができるという、特性の違いがあるだろうとされています。[*6]

## ◎能力別編成とその有効性

能力別編成は、日本でも少人数制や習熟度別などのように該当するものがあります。能力別編成の中でも有効なものの一つとして、クラス内で能力別に小グループに分かれた学習があります。[*7] しかも、この効果は学力レベルの高低によらず、どのレベルの子どもにも有効であることが示されています。日本の学校では、できる子ができない子に教える方式や、複数のグループ間のレベルが同程度になるような編成でのグループ活動が比較的多く取り入れられています。いつもそのようなメンバー構成にするのではなく、時には同じタイプの子ども同士での協働学習が効果をあげるという点を意識することは、今日の日本の教育制度の範囲内でも、担任教師の考えの下、取り入れられることの一つです。

## ◎制度があるだけでは適切な教育がなされているかどうかはわからない

知能検査の結果、高知能であることが判明し、臨床の専門家から「日本ではきっと満足な教育は受けられないから、海外に行きなさい」とアドバイスされたという話は、割とよく耳にします。どのような理由からそのようなアドバイスがなされるのかと言えば、日本は平等主義、画一授業、そして、ギフティッド教育制度がないけれども、海外に行けば、個を尊重した教育、ギフティッド児のための学校やクラスなどの制度があるらしい。だからその子に合った教育を受けることができるだろう、という考えがあるのだろうと思います。ここで注意したいのは、早修、拡充、能力別編成などの教育制度の有無と、それが個々の学校で有意義に機能しているかどうかは別問題だということです。たとえばアメリカはギフティッド教育に積極的な国とイメージされますが、それは、すべての州、地域で、ギフティッド児のニーズが制度に守られ満たされているということではありません。まず、制度面で言えば、州によっては制度がないところもあります。そして、制度がある州でも、実態が伴っているかどうかはわかりません。また、アメリカ社会全体でギフティッド児の的確な理解がなされているかと言えば、そうではありません。アメリカ社会にも「ギフテイッドは頭がよすぎて精神疾患を患っている人」と考える人もいれば、「エリート教育でけしからん」と考えている人もいますし、そもそも「よく知らないわ」という人も少なくありません。

的確な支援をしているかどうかは学校ごと、また、その年度年度で違うでしょう。STEAM教育を推進している学校だからと入学したのだけれど（STEAM教育は、科学、技術、工学、芸術、数学という分野を中心に数理的思考力、論理的思考力、創造性を育成できるとして、ギフティッド児の知的好奇心を満たしやすいとされています）、蓋を開けてみれば子どもは授業に退屈しきっており、せめて飛び級を、とお願いしても、「うちの学校では飛び級は取り入れていません」と相手にされないで困っているという話もあります。学業の優秀な子どもばかりが集まる学校あるいはクラスとなっているところもあります。教師の立場からすると、ギフティッド児のためのクラス担当の研修を受けていなくても数年担当していたとか、ギフティッド児からの凄絶な集団いじめに遭い、それも教師を辞めた理由の一つだと話す人もいます。研究でも、ギフティッド教育実践の効果は研究ごと、つまり、対象となった教育実践ごとに大きく異なることが示されています。[*8]

日本でも、「どの学校に入ろうか」と悩んで精いっぱい情報を仕入れたところで、実際は入学後の担任の先生と合うかどうかで大きく状況が左右されるなど、事前情報には限界があるというのは、多くの方が経験されていることでしょう。制度があることと、実際子どもが個々の学校、クラスで生き生きと生活できるかの間には、さまざまな要素がありま す。

### 同志とともに・適したペースで・存分に追究できるからこその効果

制度があるだけでは適切な教育がなされているかどうかはわからないという点について、少し具体的に見てみます。拡充の効果を検証した研究からは、拡充という制度はあっても、実際には能力の高い子どもに課題やドリルの量や反復回数だけを増やしている場合があること、その場合は内容を掘り下げるような学習にはならず、能力の高い子どもの知的好奇心を満たしたり学力を高めるような効果はないということも明らかにされました。能力別編成では、能力が同程度の子どもを同じグループにしただけで、課題の難易度や課題へ取り組むペースが他のグループと同じという場合もあり、それらは学力の向上にはつながらないということも示されています。[*9]
制度ではなくその実態が重要なのですが、結局、早修、拡充、能力別編成のどの制度を採用したとしても、優秀な教師がギフティッド児のニーズに応じることができていて、ギフティッド児に適したペース（標準より速い）で、同じくらいの能力レベルの仲間と一緒に、難易度の高い課題に挑戦できる時に、それらの実践や制度がギフティッド児の発達に有効だということがわかっています。[*10] これは、日本の現行の教育制度のもとでも対応できることが多くあることを示していると思います。実際、ギフティッドのことをまったく聞いたことのなかった小学校の先生が、子どもの言動の理由が何であるのかを考えながら、柔軟な学級経営とカリキュラムの工夫や体験、「自分たちでできる！」という感動を伴う経験を大切にしつつ、1年間子どもたちと過ごしたところ、ギフティッド児の保護者から「こんなにスムースに成長できた1年間、学校に喜び勇んで登校した1年は、今までになかった」と感謝の意を伝えられ、驚いたという話もあります。
ただ、このように度量や力量、経験のある先生は残念ながら少ないでしょう。特別能力が劣るわけではなくても、やはり、ギフティッド児の一筋縄ではいかない特徴や反応に悩み、行き詰まる先生のほうが多いと思います。ギフティッド児の社会情緒的特性や、ある程度制度的にギフティッド児を念頭に置いた教育の方法を知る機会は、ギフティッド児だけでなく、教師の助けにもなります。それは同時に、これまでのような、「結果的にギフティッド児の支援になっていた」式の教育ではなく、意図的・自覚的なギフティッド児の支援につながります。

## ギフティッド児かどうか以前の問題

ギフティッドであろう子どもをもつ保護者の方々からの悩みごとを聞くと、残念ながら、それらはその子がギフティッド児かどうか以前の問題であることが多々あります。つまり、ギフティッド教育制度がないがゆえに生じる悩みや困難ではなく、そもそも学校での子どもへの対応として適切とは言いがたい出来事や継続的な対応のあり方が見え隠れするのです。望ましくない行動をとった子どもを教室の前に長時間立たせる、怒鳴る、与えた用紙ではないものあるいは決められた以上の枚数を書いたものは受け取らない、特定の子の発言は無視する、「あなたはそれでよいと思っているのですね」と柔らかく言いながら、「同じこと、二度としたら許さないぞ」という威圧感を出す、などなどたくさんあります。幼稚園などでは、動きが遅いなど先生の思いどおりに動かない子を押し倒す、給食を食べない子を閉じ込める、などというケースもあります。

そのような環境でも、子どもが我慢したり、多少納得がいかなくても自分の中で「ま、いっか」と受け流すようにする、一時の嵐さえ過ぎ去れば平和が戻るので黙って話を聴き「すみません」と言う、あるいはとにかく先生の希望に添うように動こうとするなど、子どものおかげで成り立っているように見えることがあります。ギフティッド児は、繊細な傷つきやすさ、正義感、真の公平性の重視、権力的なコントロールへの断固とした抵抗などにより、そのような環境をやり過ごすことに身を切られるほどの苦痛を感じます。そして大きな問題となるのですが、事態のそもそものところを見ると、「うーん、よいとは言えない教育環境ですね」と思ってしまうようなことがあるのが実際のところです。

ギフティッド教育において大切にされていることの中には、その子がギフティッドであるかどうかに限らず重要な要素がたくさんあります。そのいくつかをあげて考えてみたいと思います。

### ◎安心できる環境

アメリカで長年ギフティッド・クラスを担当したエベール（Hébert, T. P.）は、ギフティッド児の社会情緒的発達を促すクラスの環境について具体的に記しています。中でももっとも重要で核となる要素は、「子どもが安心してその子らしくいられる雰囲気、規律やすべきことを伝える時に教師が笑顔を忘れない、支え合い助け合うクラス」だとしています。[*11] 安心できる環境は幼児教育では大々的に強調されていますが、小学校、中学校、高校でも同じです。

### ◎子どもの選択を尊重したフレキシブルな教育環境

学校の自由度は学校により実にさまざまです。ギフティッド児は慣習、特に理に適っていない慣習には疑問を呈する傾向があり、また独自の考え方ややり方で物事に向き合うこともあります。そのため、自由度の高い学校でのほうがスムースに学校生活を送ることができるというのが、大きな傾向と言えるでしょう。ごく単純な例では、髪を結ぶゴムの色が決まっている学校よりも生徒にゆだねられている学校のほうがぶつかる壁は少ないでしょうし、制服のある学校よりもない学校のほうが、「なぜ必要なのか？」といった議論が始まるような事態は少ないでしょう。しかし、外から見える自由度とは別の点が関係して、ギフティッド児が適応上の困難を示すことがあります。もちろん、規則で縛り付けるような学校は論外ではありますが、大切なのは諸々のルール運用の臨機応変性や柔軟性、つまり、学校や学級が子どもの実態にフレキシブルに応じられるかどうかです。想定されている自由度がいくら高くても、学校や幼稚園・保育所には必ず何らかの枠があります。そして枠があれば、ギフティッド児がその枠をはみ出す可能性は十分にあります。子どもが枠をはみ出した時に学校や学級がどのような対応をするのかは、当初想定された自由度の高さとは必ずしも一致しないこともあります。「ここまでは認めています」の範囲は広くても、「ここまで」を超えたものについては一切認められないこともあるからです。

先にあげたような、指定の用紙しか受け付けない、規定枚数を超えたものは受け付けないなどの例は、ぱっと見ではバカげているようにも思えるものですが、実はあまり珍しいことではありません。ドリルは習ったところよりも先に進めてはいけない、教科書を先に読んではいけない、習っていないことは使ってはいけないなどの指示が先生から出されることは、減ってきているとはいえ、まだまだあるのが現状です。画用紙を配られて、「縦に描くのですか、横に描くのですか？」という質問が出たり（子どもが好きなように描いてよいと思えない）、授業中に出てきたわからない単語をタブレットＰＣで調べようとしたら「使ってはいけない」と注意されるなどもあります。これらは学校の校則も含めた大きな枠の自由度というよりは、むしろどれだけ個に応じられる環境かということに関係する問題です。そして、その背後には教師の教育観、教育の平等観があります。

教育の「平等」は「均等」と同じではありません。どの子どもにも均一の内容と場を提供することや、どの子も同じレベルに到達させたりすることではなく、その子の知的・社会情緒的ニーズに応じた教育環境を提供することです。そして、それは子どもそれぞれが同じだけ知的好奇心が満たされ、同じだけ伸びることのできる教育環境で保障されるものだというのが、ギフティッド児の支援や教育の根本に流れる教育の平等観です。全員に同じサイズの体操服を提供するという均等ではなく、個々に合ったサイズの体操服を提供し、皆が同程度の心地よさや動きやすさを得ることができるように、という平等観です。「同じだけ満たされる」ことと「同じレベルに到達する」こととは混同されやすいですが異なります。それぞれのレベルで「できた！」「わかった！」という喜びを同じだけ味わうことができるかどうかが大切です。最初からできてしまう子どもは、もっとレベルの高い課題に挑戦できて初めて、「できた！」「わかった！」喜びが味わえるのです。

想定の枠では知的・社会情緒的ニーズが満たされない時に、どの程度フレキシブルに応じられるかが大切です。しかし、一人の教師が一学級内の多様な子どもたち35人全員にフレキシブルに何かを提供するというのは、まったくもって非現実的です。「同程度にニーズが満たされる」状況を作る現実的な方法は、「子ども自身に選ばせる」ことでしょう。たとえば新しく習った漢字などを「3回書きましょう」と皆にさせるのではなく、個に応じた対応ということで、先生が「Aちゃんは3回、Bちゃんは5回、Cちゃんは15回……」などのように決めるのは、教師の負担と子どもの不満ばかり増やしてしまいます。「何回書けば自分で覚えられるか考えて、回数を決めましょう」としたり、もっとよいのは、「覚えられる方法で覚えてきてください」という提示の仕方となります。もちろん、覚え方のレパートリーをいくつか教えてあげる必要があります。問題集等も「今日は何ページ、明日は何ページ」と決めることも最初のうちは必要かもしれませんが、学年があがるにつれて、ざっくりと「1学期はここまで」と指定して、後はそれぞれの子どものペースでできるようにするという方法などは、割と取られている方法でしょう。

## ◎本当に子どもの意思決定なのか、それとも忖度《そんたく》なのか

子ども自身が選択するということを考える際にもっとも重要なのは、「教師は本当に子どもに選択させているか」という点です。

ウェブらも、子どもに選ばせるのであれば、たとえ子どもがどんな選択をしたとしてもそれを尊重せねばならない、もしそれができない可能性があるなら子どもに選ばせてはならない、と言っています。[*12] 例として、「宿題、する？ しない？」と聞いておいて、実際にその子が「しない」と答えると怒るあるいは不機嫌になるなどは適切な選択のさせ方ではない、そのような選択の機会を繰り返し経験させていると、子どもは大人の顔色をうかがいながら生きていくようになるだろうと書かれています。そして、「しない」という返答が受け入れられないのであれば、「宿題、する？ しない？」ではなく、「宿題、いつす

る?」という聞き方、選択肢の提示の仕方が適切だとされています。「夜ごはんの後」などという選択肢があり得ず「今する」しかない状況ならば、「漢字からする? 算数からする?」という選択肢が適切となるなどのように、本当に子どもが選ぶことのできる選択肢の提示が大切になります。

これは学校でも同様です。教師は授業の流れを作っているつもりでも、その実「忖度訓練」を強いている、あるいは特定の考え方への誘導を行っている場合があります。子どもは先生の「本当にそれでいいのですか?」という言葉に、「それではいけない」というメッセージを、「本当にやるのですね?」という言葉に、「それは無理だ」というメッセージを読み取るものです。そして、教師も実際そのような意図をもって言っている時がありま す。このような対応を受けると、多くの子どもは「忖度する」術を身につけていきます。そして、その忖度力を存分に発揮し、「自分の」希望や考えではなく「相手の」希望や考えが何であるかに焦点を合わせて生きていくようになってしまいます。これは、思いやりから相手の希望や考えを尊重するのとは異なる心理状態です。

一方、ギフティッド児の中には、前述のような授業を「忖度を強いる誘導だ」と看破して憤慨し、その教師に断固抵抗する子もいるでしょう。

　個々の状況で子どもに選ぶ機会を形式的に与えているかどうかではなく、機会は少なくても子どもが本当に選び、決定できているかどうかが大切です。子どもが選ぶことができない状況では、形式的に子どもに選ばせるのではなく、むしろきっぱりと教師が「こうします」と方向性を示す必要があります。選択肢を提示する時が、もっともさまざまな可能性を考える必要のある時です。子どもが選択し意思決定できる範囲を明確にして選択させることは、その範囲であれば「自分で選び決めてよいのだ」と子どもが安心できるテリトリーを作ることにつながります。そして、その小さいけれども真の選択の積み重ねが「自分で意思決定して行動できる」原動力となります。この自分で意思決定して行動できているという感覚は、ギフティッド児に限らず、すべての子どもの意欲を引き起こします。

# 第七章　ギフティッド児を育てる親の覚悟

## ＳＥＮＧでの保護者からの質問——「タトゥーは？」

２０１８年の夏に、年に一度開かれるＳＥＮＧの学会に参加しました。ＳＥＮＧは、ウェブが創設した、ギフティッド児の社会情緒的支援に主眼を置いた団体です。学会発表の中に、ギフティッド児や成人ギフティッドのカウンセリングを専門とする臨床心理学者による発表がありました。学会の特性上、ギフティッド児をもつ保護者も多く参加しており、むしろ保護者のほうが多く聴きに来ている分科会もありました。

私も参加した一つの分科会は、臨床心理の専門家による学術的内容も含まれましたが、発表者が椅子にゆったりと腰掛け、参加者に語り掛けるようなものでした。そんなリラックスした雰囲気の中で強調されていたことが、「子どもの意思決定を受け入れ、流れに任せなさい」ということでした。具体的にどのような言葉でおっしゃったのかは覚えていないのですが、発表を聴いている私の頭の中に美空ひばりの歌う「川の流れのように」が流れたことは覚えています。

その時、一人の保護者が「タトゥーでも?」と声をあげました。「子どもが『タトゥーを入れる』と言っても、それを受け入れ流れに任せるのか?」という意味の質問でした。その臨床心理学者は、「Oh, my gosh!」とため息をついてじっとその保護者を見つめ、そして、低く確かな声で「Yes」と伝えました。会場は一瞬ざわつきましたが、「覚悟が必要なんだ」と腹の底で納得したという空気が流れました。

ギフティッド児を育てるのは、本当に大変です。ギフティッド児は社会的な常識や慣習からはみ出したり、あるいはそれらに挑むことが少なくありません。こちらの想定の範囲を超え、寿命が縮まるような思いもするでしょう。あるいは、過興奮性がゆえに、特に幼少期は思いもよらぬところで癇癪を引き起こされて、世間の目が痛いということもあるでしょう。できることなら代わってあげたいと思うことも多々あるかもしれません。親はそれらすべてを、「流れに任せ受け入れる」覚悟が必要です。非難の目を向ける人が多ければ多いほど、あるいは受け入れがたい状況であればあるほど、その子には親しか味方がいない状況になるためです。

ため息が出ることもあるでしょう。「素直に『うん』で済む話なのに……」「そんなこと、大したことないのに……」「『ほどほど』がわかれば……」のように、他の親が意識せずに素通りできるような些細なことに一山《ひとやま》あります。その子の普通ではない様子に障害の心配も頭をよぎります。

数ある困難の中でも、もっとも辛いのが「周囲の理解を得られない」ということでしょう。首が据わる前から時計の前に連れて行くとニヤニヤしているという話をしても信じてもらえない、ちょっとした音に泣き出すと言えば、「お母さんが神経質だからでしょ。もっとデーンと構えていれば、赤ちゃんも安心して泣かなくなるわ」と言われる、等々、それは生まれた瞬間から始まります。チックや夜尿があれば「家庭に問題が」と言われ、幼児期に読み書き計算ができれば「教育ママだ」と言われ、子どもが不安で学校に行けないので付き添えば「過保護だ」「子離れできていない」と言われたりもするでしょう。このような経験が重なり、疎外感と「子育てに向いていないかもしれない」という親としての自信喪失を味わっている方も少なくありません。

そうこうするうちに、子どもは親や教師など大人の想定の範囲のはるか「斜め上」をいくようなことをするようにもなります。ただ超えるだけではなく、大人から見れば、「こうすればもっとスムースに、そして、うまくいくのに」と思わずにはいられないような、うまくない方法をとろうとするかもしれません。そして、そのような時によかれと思ってするアドバイスに、当のギフティッド児が激昂《げきこう》し、大人からすれば恩を仇《あだ》で返されるような気持ちになることもあるでしょう。あるいは、もう危なっかしくて、「やめて！」と叫びたくなるようなこともあるでしょう。そのような時、ギフティッド児を育てるためには、「流れに任せる覚悟」が必要だということを思い出すだけでも、親の気持ちにゆとりが出るかもしれません。「流れに身を任せる」という非常にゆったりとした状況を覚悟を決めて作り出すという、一見矛盾する状態が、ギフティッド児の子育てなのだろうと思います。

次に、覚悟とともに、日々の生活で心にとどめておくと助けになるだろうことをいくつかあげてみたいと思います。

## 全人的発達に目を向け、求められたら応じる

知能が高いにしろ、何かの分野で秀でた才能が見えるにしろ、ギフティッド児の並外れて秀でた部分を知るということは、親や教師にとって喜びでもあります。しかし、それがわかった途端、「才能を伸ばすには」という思考が働き出します。適した環境を提供しようと情報を集め、関連する本やチャンスを見逃さぬように、最善を尽くそうとするでしょう。これは決して悪いことではありません。しかし、これが子どもにとって重荷となっていないかを振り返る余裕はもち続けたいものです。

才能を伸ばすことに必死になりすぎると陥りやすいのが、その子の才能の部分のみに反応するということです。褒めれば意欲も高まるだろうと思い、あるいは、純粋に「すごい」と感動して、その子の成し遂げたことを称賛する。これも、それだけで悪いとは言えません。しかし、その経験が重なると、その分野でうまくいかなくなった時に、「自分はダメな人間だ」と自分を否定するようになる危険性が高まることは、第三章で触れたとお

りです。才能を抜きにして、その子が本当に見てほしい部分に目を向けることができているか、応じることができているかも、日々振り返る余裕をもちたいものです。

特にギフティッド児は、親が先導して才能を伸ばすというよりは、親は子どもに追走していくというイメージをもつと、気持ちも少し軽くなるでしょう。幼少期に親は子どもの求めに応じているうちに、知らず知らずにその才能を伸ばしていると言われます。学校教育が始まった途端、子どもの要求に応じていたのが子どもにあれこれ求めるように変わりやすいのと同様、才能があることがわかった途端、今まで応じていた立場から求める立場になってしまい、空回りすることがあります。ギフティッド児は、自分のやり方でやりたいという意志が人一倍強いことが多いため、たとえ「もっとよい方法があるのに」と思っても、求められる前から与えてしまうと逆効果となることがあります。子どもが惹かれそうな素材・情報・やり方などは手元にあたためておき、求められる前から差し出すことは控えたほうがよい場合もあります。

## 気持ちは真実

激しさと繊細さを併せもつギフティッド児の反応を見ると、「なんでこの程度のことで？」と思わずため息をつきたくなることもあるでしょう。「なんで、これが痛いの？」「なんで、これが眩《まぶ》しいの？」「なんで、そんなこと気にするの？」「どうして、そんなことで怒るの？」。

そのような状況で言えるのは、「その子は、そう感じている」ということです。そして、気持ちや感情は、善悪の物差しでは測ることができません。ところが、「なんで、そんなこと気にするの？」と言われた時、感情に善悪の物差しがあてられ、そして「悪い」と測られてしまうのです。

あまりの激しさになんと声をかけてあげたらよいのかわからない、その辛さを少しでも楽にしてあげたくて思わず励ましてしまいそうになる、「気にしなくていいよ」と言いたくなる、そのような時、「そうだね」と言ってあげてもよいかもしれません。乳児の一か月検診で赤ちゃんが「あー」とか「うー」とか言うと、「そーだねー」と応じている助産師さんを見かけます。あぁ、これは赤ちゃんにとってよいというよりはむしろ、以降の長い子育ての中で一番簡単で効果的な言葉が何であるかを親に教えているのだなぁと感じます。さらに一歩進めて、その子の感じている状態をピッタリと表現する言葉が思い浮かべば言ってみてください。ギフティッド児の場合、たとえ嵐で荒れる大海のようであっても、その気持ちを誰かが的を射た表現で言い表してあげるだけで、凪《なぎ》になり、そして笑顔になることも少なくありません。

## 枠からはみ出る前提で、しかし、言い訳にはしない

ギフティッド児がいろいろな枠からはみ出ることに対する覚悟がとても大切であることは前述のとおりです。そして、あらゆる偉業は枠を超えずして、成し遂げられないものです。ただ、これは決して、その子の不適切な言動をギフティッドを理由に許容してよいということではないという点は、ウェブらも強調しています。[*1] 授業中に関係のない本を読んでいても、「ギフティッドだからいいの」とそのままにするのは適切とは言えません。どうすればその子が本をしまい、授業を聴きたくなるのかを考えることが求められます。成人後も時と場にふさわしくないほどに感情を爆発させるのは、感情の過興奮性のせいだからと言えば理解してもらえるということはありません。自分の激しい感情を社会的に受け

入れられる形で表出する術を、成長の過程で試行錯誤しながら身につけていくことが求められます。呼吸法や、ロールプレイ、とりあえず走る、心配事をひとまず仮想のボトルに入れておく練習をするなど、いろいろな方法があります。社会生活を営むうえで不適切とされる行動の原因をギフティッドの特性に見出すのは、それを言い訳として周囲に一方的な忍耐や受容を求めるためではなく、それに適した対応策を講じて、社会的に不適切とされる言動が少しずつでも改善できるようにするためです。

## 独りではないというメッセージを送り続ける

ギフティッド児は、幼少期から自分は周囲の友だちとはどこか違うと敏感に感じています。それだけでも小さな子どもにとっては大きな孤独感となります。また、思春期には自分の興味関心が周囲と共有できない時、あるいは自分を偽らなければ周囲に溶け込めないと感じた時、その孤独感は非常に大きなものとなります。「私は、いつもあなたの味方だよ」というメッセージを、親だけは常に送り続けること、これがとても大切です。

激しく繊細であるからこそ、周囲が理解してくれた、通じ合った、受け入れてもらえた、そのような変化に言葉などなくても敏感に気づき、そしてみるみるうちに輝きを取り戻すのも、ギフティッド児の特性です。

# おわりに

「本を書きませんか？」とお声がけいただいた時、正直なところ躊躇《ちゅうちょ》しました。もちろん、自分の言葉で本を書くことができるのはとても幸いなことで、憧れもありました。ただ、憧れは憧れのまま自分の中で現実味は帯びず、また、とにかく自信がありませんでした。今でも同じ思いですが、ギフティッドの理解のための本として、本文でも何度もご紹介したウェブらによる2冊の書籍（『ギフティッド　その誤診と重複診断―心理・医療・教育の現場から』『わが子がギフティッドかもしれないと思ったら―問題解決と飛躍のための実践的ガイド』）以上によい本はこれまでになく、これからも生まれないだろうと思っています。ましてや、ギフティッドをめぐっては研究も社会的なシステムも国際社会では話にならないようなレベルの日本にどっぷり浸かった私が書けるものなど、二番煎じでしかないと強く思ったわけです。私からすれば「あれ（ウェブらの2冊の本）がすべて」でしたし、今でも同じ気持ちです。ですので、本書を手に取っていただき、ギフティッドに関心をもってくださった方には、是非、その2冊もお読みいただけたらと、純粋に思います。「おわりに」で他の本を推薦するという、なんともおかしな書き出しとなってしまいましたが、これが正直なところです。

一方、ギフティッドというテーマにかかわりながら強く感じたのは、ギフティッド児をもつ保護者をはじめ、身近にギフティッド児と接して悩んだ経験のある方々や、当事者の方々の間では、あの2冊の本がとても共感を生み広く浸透している反面、それ以外の学校の先生や臨床家、教育や心理、医療の専門家、さらに社会全体においては、まだまだギフティッドの理解浸透が大きな課題であり続けている、関心を向けてもらうことすら難しいということでした。

そのような思いの中、恩師である無藤隆《むとうたかし》先生に相談しましたところ、「多くの人たちが気軽に手に取って読めるような身近な本も必要だ」と背中を押していただき、私が執筆する意味と方向が見えた気がしました。

本文には入れることができませんでしたが、私個人としては、いつか、ミシガン州のBloomfield Hillsにあるローパー・スクール（Roeper School）というギフティッド児のための学校を見に行きたいと思っています。本書執筆にあたり、特にアメリカのギフティッド・スクールの例をあげてほしいと、編集担当の金井田さんにもリクエストいただいたのですが、ご紹介できるほどに知っている学校がないため、リクエストにお応えできませんでした。その代わりというのも変ですが、私の希望という位置づけで、Roeper Schoolをこの場をお借りしてご紹介したいと思います。これは、アメリカのギフティッド教育を先導したローパー夫妻が設立したギフティッド・スクールです。シルバーマンの論文にも紹介されていますが、[*1]ギフティッド児を質的に判定する独自の基準を設け、その基準を満たした子どもたちが所属しています。数値的な基準は設けていないのですが、「非常にうまく機能している」とシルバーマンに評価されています。[*2]奥様のアンネマリー・ローパー（Roeper, A.）についてのウェブサイトには、ギフティッド児の質的評価の観点が掲載されています。そこで強調されているのは、記憶力や習得力の高さ、一度に三つのことを並行してできるなどの知的な能力の高さと同時に、正義感の強さ、共感性の高さ、独学タイプであることなどの社会情緒的特性です。*3 このような観点で選ばれた子どもたちが集まる学校がどのような学校なのか、どのような実践を通して、子どもたちの知的、社会情緒的ニーズを満たしているのか、実際に見てみたいと思っています。

なお、本書において「障碍《しょうがい》」や「障がい」ではなく「障害」という表記を用いました。DSM-5など、診断カテゴリーの意味合いをもたせたという理由があります（DSM-5においても「障害」ではなく「症」を用いる流れが見られますが）。また、『ギフティッド　その誤診と重複診断』をともに監訳してくださいました榊原洋一先生の記事「障害より障碍の方が良いのか？」*4 にも基づいております。

本書執筆にあたり、集英社の金井田亜希さんには、深く感謝申し上げます。新書執筆が初めての私を、力強く導いてくださいました。「角谷先生の言葉で書いてください」と、ことあるごとに勇気づけてくださり、書き進めるうちに自分の中にも力強さが少しずつ増していくのを感じることができました。

故ウェブ博士と、その奥様であられるゴアにも、本書の報告と感謝を伝えたいです。2018年にSENGの学会に行くと決めたのは、学会開催の直前でした。当初はAPAに参加予定で、ホテルも航空券も手配してしまった後でしたが、「SENGに行くべきだ」と私の中で動くものがあり、すべてをキャンセル、再予約しての参加でした。今思えば、その決断と家族の理解があって、ウェブ博士と直接お会いすることができたのだと、本当によかったと思っています。

本書の事例は、個別式知能検査結果から知的ギフティッドであると考えられた子どもの事実に基づき、許可をいただいたうえで個人の特定ができないように、また、特性がわかりやすくなるように修正したものとなっております。私の視野を広げて、多くを教えてくださった子どもたちに、また、許可をくださいました方々に心より感謝申し上げます。

実のところ、本の執筆というのが、これほどまでに孤独なものなのだと強く感じたのは初めてのことでした。もちろん、手に取って読んでくださる方々と心の中では会話をしているわけですが、基本は自分との対話の連続でした。そんな孤独を支えてくれた家族にも感謝します。

私なりにこれまで勉強してきたこと、そこから見えてきたことを、一人でも多くの方々と共有できる機会をいただけた感謝の気持ちを支えに、ここまで書き進めてまいりました。読んでくださった方々とお会いする機会があれば、是非、本書についての感想、ご意見を伺いたいという気持ちでおります。

2023年5月11日

著者

# 註

## 【はじめに】

＊1 「『わがまま、怠けていると誤解された』息子の障害　命がけの訴えを手記に」「毎日新聞」２０２0年5月27日　https://mainichi.jp/articles/20200526/k00/00m/040/190000c

＊2 J・T・ウェブ、E・R・アメンド、P・ベルジャン、N・E・ウェブ、M・クズジャナキス、F・R・オレンチャック、J・ゴース（著）、角谷詩織、榊原洋一（監訳）『ギフティッド　その誤診と重複診断―心理・医療・教育の現場から』北大路書房、２０１９年

＊3 長野の子ども白書編集委員会編『２０２０　長野の子ども白書』２０２０年、14―17ページ

＊4 https://www.gifted-ouentai.com/nagano-kodomohakusyo/

＊5 Halsted, J. W. (2009). *Some of my best Friends are Books: Guiding Gifted Readers* (3rd Ed.). Great Potential Press.

＊6 前掲『ギフティッド　その誤診と重複診断―心理・医療・教育の現場から』

＊7 Matthews, D. J., & Foster, J. (2009). *Being Smart about Gifted Education: A Guidebook for Educators and Parents* (2nd Ed.). Great Potential Press.

## 【第1章】

＊1 Marland, S. P. Jr. (1972). *Education of the gifted and talented: Report to the congress of the United*

*States by the U. S. commissioner of education and background papers submitted to the U. S. Office of Education.*

＊2　前掲『ギフティッド　その誤診と重複診断―心理・医療・教育の現場から』

＊3　同前78ページ

＊4　M・チクセントミハイ（著）、今村浩明（訳）『フロー体験　喜びの現象学』世界思想社、１９９６年

＊5　Shaw, P., Greenstein, D., Lerch, J., Clasen, L., Lenroot, R., Gogtay, N., Evans, A., Rapoport, J., & Giedd, J.（2006）. Intellectual ability and cortical development in children and adolescents. *Nature* 440（7084）: 676–679. doi: 10.1038/nature04513

＊6　ibid.（同前）

＊7　Castellanos, F. X., Lee, P. P., Sharp, W., Jeffries, N. O., Greenstein, D. K., Clasen, L. S., Blumenthal, J. D., James, R. S., Ebens, C. L., Walter, J. M., Zijdenbos, A., Evans, A. C., Giedd, J. N., & Rapoport, J. L.（2002）. Developmental trajectories of brain volume abnormalities in children and adolescents with attention-deficit/hyperactivity disorder. *JAMA*. 2002; 288（14）: 1740–1748. doi: 10.1001/jama.288.14.1740

Shaw, P., Eckstrand, K., Sharp, W., Blumenthal, J., Lerch, J. P., Greenstein, D., Clasen, L., Evans, A., Giedd, J., & Rapoport, J. L.（2007）. Attention-deficit/hyperactivity disorder is characterized by a delay in cortical maturation. *The Proceedings of the National Academy of Sciences U. S. A.*, 104（49）. 19649–19654

＊8　前掲 Castellanos, F. X. et. al.（2002）

＊9　Shaw, P., Gilliam, M., Liverpool, M., Weddle, C., Malek, M., Sharp, W., Greenstein, D., Evans, A., Rapoport, J., & Giedd, J.（2011）. Cortical development in typically developing children with symptoms of hyperactivity and impulsivity: support for a dimensional view of attention deficit hyperactivity disorder. *The American Journal of Psychiatry*, 168（2）: 143-151. doi: 10.1176/appi.ajp.2010.10030385

＊10　前掲 Shaw, P. et. al.（2006）

＊11　Tetreault, N. A., & Zakreski, M. J. The gifted brain revealed unraveling the neuroscience of the bright experience. *GHF dialogue*. https://ghfdialogue.org/the-gifted-brain-revealed.../

＊12　O'Boyle, M. W., Cunnington, R., Silk, T. J., Vaughan, D., Jackson, G., Syngeniotis, A., & Egan, G. F.（2005）. Mathematically gifted male adolescents activate a unique brain network during mental rotation. *Cognitive Brain Research*, 25（2）, 583-587. doi: 10.1016/j.cogbrainres.2005.08.004

＊13　前掲『ギフティッド　その誤診と重複診断―心理・医療・教育の現場から』

＊14　同前１２２―１２３ページ

＊15　前掲 Tetreault, N. A., & Zakreski, M. J.
Tetreault, N. A.（2021）. *Insight into a bright mind: A neuroscientist's personal stories of unique thinking*. Gifted Unlimited.

＊16　前掲 Tetreault, N. A., & Zakreski, M. J.

＊17　Casanova, M. F., Buxhoeveden, D. P., Switala, A. E., & Roy, E.（2002）. Minicolumnar pathology in

autism. *Neurology*, 58（3）, 428–432. doi: 10.1212/wnl.58.3.428
＊18　前掲 Tetreault, N. A., & Zakreski, M. J.
＊19　Courchesne, E., Carper, R., & Akshoomoff, N.（2003）. Evidence of brain overgrowth in the first year of life in autism. *JAMA*. 290（3）: 337-344. doi: 10.1001/jama.290.3.337
Courchesne, E., Campbell, K., & Solso, S.（2011）. Brain growth across the life span in autism: age-specific changes in anatomical pathology. *Brain Research*, 1380: 138-145. doi: 10.1016/j.brainres.2010.09.101
＊20　前掲 Courchesne, E., Campbell, K., & Solso, S.（2011）
＊21　前掲 Courchesne, E., Carper, R., & Akshoomoff, N.（2003）
＊22　角谷詩織「学校・家庭でのギフティッド児の誤診予防と適切な理解・支援のために―日本語版ギフティッド－アスペルガー症候群，ギフティッド－ＡＤＤ／ＡＤＨＤチェックリスト」『上越教育大学研究紀要』第39巻2号、２０２０年、３０１―３０９ページ
＊23　Amend, E. R., Schuler, P., Beaver-Gavin, K., & Beights, R.（2009）. A Unique Challenge: Sorting out the differences between Giftedness and Asperger's Disorder. *Gifted Child Today*, 32（4）, 57-63. doi: 10.1177/107621750903200414
Lind, S.（2011）. Before Referring a Gifted Child for ADD/ADHD Evaluation. https://www.sengifted.org/post/before-referring-a-gifted-child-for-add-adhd-evaluation/
＊24　前掲『ギフティッド　その誤診と重複診断―心理・医療・教育の現場から』

＊25　同前

＊26　同前

＊27　同前

＊28　Rinn, A. N., & Nelson, J. M. (2009). Preservice teachers' perceptions of behaviors characteristic of ADHD and Giftedness. *Roeper Review*, 31 (1), 18-26. doi: 10.1080/02783190802527349

＊29　Layton,T. J., Barnett, M. L., Hicks, T. R., & Jena, A. B. (2018). Attention deficit-hyperactivity disorder and month of school enrollment. *The New England Journal of Medicine*, 379 (22), 2122-2130. doi: 10.1056/NEJMoa1806828

＊30　アレン・フランセス（著）、大野 裕（監修）、青木 創（訳）『〈正常〉を救え―精神医学を混乱させるＤＳＭ－５への警告』講談社、２０１３年
前掲『ギフティッド　その誤診と重複診断―心理・医療・教育の現場から』

＊31　本多 栞、野田賀大、中島振一郎、藤井進也「精神疾患と音楽機能の関連性―精神医学分野における音楽神経科学の発展可能性」『Keio SFC Journal』第20巻2号、慶應ＳＦＣ学会、２０２１年、70―82ページ
Kapur, N. (1996). Paradoxical functional facilitation in brain-behaviour research. A critical review. *Brain*, 119 (Pt 5), 1775-1790. doi: 10.1093/brain/119.5.1775

＊32　ダロルド・Ａ・トレッファート（著）、高橋健次（訳）『なぜかれらは天才的能力を示すのか―サヴァン症候群の驚異』草思社、１９９０年

＊33　Treffert, D.A.（2014）. Savant Syndrome: Realities, myths and misconceptions. *Journal of Autism and Developmental Disorders*, 44（3）, 564-571. doi: 10.1007/s10803-013-1906-8

＊34　Foley-Nicpon, M., & Candler, M. M.（2018）. Psychological interventions for twice-exceptional youth. In S. I. Pfeiffer, E. Shaunessy-Dedrick, & M. Foley-Nicpon（Eds.）, *APA handbook of giftedness and talent*（pp. 545-558）. American Psychological Association. doi: 10.1037/0000038-035

Little, C. A.（2018）. Teaching strategies to support the education of gifted learners. In S. I. Pfeiffer, E. Shaunessy-Dedrick, & M. Foley-Nicpon（Eds.）, *APA handbook of giftedness and talent*（pp. 371-385）. American Psychological Association. doi: 10.1037/0000038-024

宮尾益知「発達障害と不登校―社会からの支援がない子どもたち――２Ｅの観点から」『リハビリテーション医学』第56巻6号、２０１９年、４５５―４６２ページ

Rinn, A. N.（2018）. Social and emotional considerations for gifted students. In S. I. Pfeiffer, E. Shaunessy-Dedrick, & M. Foley-Nicpon（Eds.）, *APA handbook of giftedness and talent*（pp. 453-464）. American Psychological Association.

＊35　Breaux, K.（2016）. Chapter 10 Interpreting the WISC-V from a cognitive neuroscience perspective: Case 6—Tom, age 8（digital administration）: Evaluation of a twice exceptional child: Gifted with dyslexia and symptoms of inattention and social-behavioral issues. In A. S. Kaufman, S. E. Raiford, & D. L. Coalson（Eds.）, *Intelligent testing with the WISC-V*（pp. 372-403）. Wiley.

松村暢隆「アメリカの２Ｅ教育の新たな枠組―隠された才能・障害ニーズの識別と支援」『關西大學

文學論集』第66巻3号、關西大學文學會、２０１６年、１４３—１７１ページ https://kansai-u.repo.nii.ac.jp/records/4285
前掲『ギフティッド　その誤診と重複診断—心理・医療・教育の現場から』

＊36 仁平義明、神尾陽子「自閉症者の『並外れた才能』再考」『心理学評論』第50巻1号、２００７年、78—88ページ、doi: 10.24602/sjpr.50.1_78
O'Connor, N., & Hermelin, B. (1987). Visual and graphic abilities of the idiot savant artist. *Psychological Medicine*, 17 (1), 79 – 90. doi: 10.1017/S0033291700013003

＊37 Feldman, D. H., & Morelock, M. J. (2020). Prodigies and Savants. In R. J. Sternberg (Ed.), *The Cambridge Handbook of Intelligence* (2nd Ed.) (pp. 258-290). Cambridge University Press.

＊38 Ruf, D. L. (2009). *5 levels of gifted: School issues and educational options.* Great Potential Press.

＊39 Mendaglio, S., & Peterson, J. S. (2007). *Models of counseling gifted children, adolescents, and young adults.* Prufrock Press.
前掲『ギフティッド　その誤診と重複診断—心理・医療・教育の現場から』

＊40 安藤寿康『日本人の9割が知らない遺伝の真実』ＳＢ新書、２０１６年

＊41 前掲『ギフティッド　その誤診と重複診断—心理・医療・教育の現場から』

＊42 ジェームス・T・ウェブ、ジャネット・L・ゴア、エドワード・R・アメンド、アーリーン・R・デヴリーズ（著）、角谷詩織（訳）『わが子がギフティッドかもしれないと思ったら—問題解決と飛躍のための実践的ガイド』春秋社、２０１９年、６ページ

＊43　同前xiiページ
＊44　Silverman, L. K.（2018）. Assessment of giftedness. In S. I. Pfeiffer（Ed.）, *Handbook of Giftedness in Children: Psychoeducational Theory, Research, and Best Practices*（2nd Ed）（pp. 183-207）. Springer.
＊45　前掲『ギフティッド　その誤診と重複診断―心理・医療・教育の現場から』
＊46　前掲『わが子がギフティッドかもしれないと思ったら―問題解決と飛躍のための実践的ガイド』
＊47　前掲 Silverman, L. K.（2018）

【第1章】

＊1　Kaufman, A. S., & Harrison, P. L.（1986）. Intelligence tests and gifted assessment: What are the positives? *Roeper Review*, 8（3）, 154-159. doi: 10.1080/02783198609552961
Sparrow, S. S., & Gurland, S. T.（1998）. Assessment of gifted children with the WISC-III. In A. Prifitera & D. H. Saklofske（Eds.）, *WISC―III Clinical Use and Interpretation: Scientist-Practitioner Perspectives*（pp. 59-72）. Academic Press. doi: 10.1016/B978-012564930-8/50004-8
＊2　Hollingworth, L. S.（1942）. *Children above 180 IQ Stanford-Binet: Origin and development*. World Book Company. doi: 10.1037/13574-000
＊3　前掲『ギフティッド　その誤診と重複診断―心理・医療・教育の現場から』
＊4　ナンシー・C・アンドリアセン（著）、長野 敬、太田英彦（訳）『天才の脳科学―創造性はいかに

創られるか』青土社、２００７年
Baer, J. (1993). Why you shouldn't trust creativity tests, *Educational Leadership*, 51 (4), 80-83
Baer, J. (1994). Why you still shouldn't trust creativity tests, *Educational Leadership*, 52 (2), 72-73

＊5 Plucker, J. A., Makel, M. C., & Qian, M. (2019). Assessment of Creativity. In J. C. Kaufman & R. J. Sternberg (Eds.), *The Cambridge Handbook of Creativity Cambridge Handbooks in Psychology*, (pp. 44-68). Cambridge University Press. doi: 10.1017/9781316979839.005

＊6 Simonton, D. K. (2019). Creative genius. In J. C. Kaufman & R. J. Sternberg (Eds.), *The Cambridge Handbook of Creativity* (2nd Ed.) (pp. 655–676). Cambridge University Press. doi: 10.1017/9781316979839.033

＊7 ibid.（同前）

＊8 Pfeiffer, S. I. (2015). *Essentials of Gifted Assessment*. Wiley.

＊9 前掲 Marland, S. P. Jr. (1972)

＊10 A・プリフィテラ、D・H・サクロフスキー、L・G・ワイス（編）、上野一彦（監訳）、上野一彦、バーンズ亀山静子（訳）『ＷＩＳＣ－Ⅳの臨床的利用と解釈』日本文化科学社、２０１２年

＊11 Golle, J., Schils, T., Borghans, L., & Rose, N. (2023). Who Is Considered Gifted From a Teacher's Perspective? A Representative Large-Scale Study. *Gifted Child Quarterly*, 67 (1), 64-79. doi: 10.1177/00169862221104026

＊12 McIntosh, D. E., Dixon, F. A., & Pierson, E. E. (2018). Use of intelligence tests in the identification of giftedness. In D. P. Flanagan, & E. M. McDonough（Eds.）, *Contemporary Intellectual Assessment: Theories, Tests, and Issues*（4th Ed.）（pp. 587–607）. The Guilford Press.

＊13　前掲 Marland, S. P. Jr.（1972）

＊14　前掲 Marland, S. P. Jr.（1972）
前掲『ギフティッド　その誤診と重複診断―心理・医療・教育の現場から』

＊15　Rogers, K. B.（2002）. *Re-Forming Gifted Education: How Parents and Teachers can Match the Program to the Child*. Great Potential Press.

＊16　Gagné, F.（2020）. *Differentiating Giftedness from Talent: The DMGT Perspective on Talent Development*. Routledge.
前掲 Silverman, L. K.（2018）

＊17　Lohman, D. F.（2009）. Identifying academically talented students: Some general principles, two specific procedures. In L. V. Shavinina（Ed.）, *International Handbook on Giftedness*（pp. 971-997）. Springer.

＊18　Siegle, D.（2012）. *The underachieving gifted child: Recognizing, understanding, and reversing underachievement*. Prufrock Press.

＊19　Rinn, A. N., & Majority, K. L.（2018）. The social and emotional world of the gifted. In S. I. Pfeiffer（Ed.）, *Handbook of Giftedness in Children: Psychoeducational Theory, Research, and Best Practices*（2nd Ed.）（pp. 49-63）. Springer.

＊20　Webb, J. T., & Kleine, P. A.（1993）. Assessing gifted and talented children. In J. Culbertson & D. Willis（Eds.）, *Testing young children*（pp. 383-407）. Pro-Ed.

＊21　Silverman, L. K.（2009）. The measurement of giftedness. In L. V. Shavinina（Ed.）, *International Handbook on Giftedness*（pp. 947-970）. Springer.

＊22　前掲『ギフティッド　その誤診と重複診断―心理・医療・教育の現場から』

＊23　Matthews, M. S., & Peters, S. J.（2018）. Methods to increase the identification rate of students from traditionally underrepresented populations for gifted services. In S. I. Pfeiffer（Ed.-in-chief）, *APA Handbook of Giftedness and Talent*（pp. 317-331）. American Psychological Association. doi: 10.1037/0000038-021

＊24　前掲 Silverman, L. K.（2009）

＊25　前掲『ギフティッド　その誤診と重複診断―心理・医療・教育の現場から』

＊26　Dai, D. Y.（2018）. A history of giftedness: A century of quest for identity. In S. I. Pfeiffer（Ed.-in-chief）, *APA Handbook of Giftedness and Talent*（pp. 3-23）. American Psychological Association. doi: 10.1037/0000038-001

**【第三章】**

＊1　前掲『ギフティッド　その誤診と重複診断―心理・医療・教育の現場から』

【第四章】

＊1　Dąbrowski, K.（1964）. *Positive disintegration.* Little, Brown and Company.

＊2　Mendaglio, S.（2008）. *Dabrowski's Theory of Positive Disintegration.* Great Potential Press.

Mendaglio, S.（2012）. Overexcitabilities and giftedness research: A call for a paradigm shift. *Journal for the Education of the Gifted*, 35（3）, 207-219. doi: 10.1177/0162353212451704

＊3　Piechowski, M. M.（1979）. Developmental potential. In N. Colangelo & R. T. Zaffrann（Eds.）, *New voices in counseling the gifted*（pp. 25-57）. Kendall Hunt.

＊4　Silverman, L. K.（1998）. Through the lens of giftedness. *Roeper Review*, 20（3）, 204-210, doi: 10.1080/02783199809553892

前掲『ギフティッド　その誤診と重複診断―心理・医療・教育の現場から』

＊5　前掲 Tetreault, N. A.（2021）

Tetreault, N. A., Haase, J., & Duncan, S.（2016）. The Gifted Brain. Gifted Research and Outreach, Inc. https://www.gro-gifted.org/wp-content/uploads/2016/03/GRO-article-Phase-1-a-final-3_24_16.pdf

＊6　前掲 O'Boyle, M. W., et. al.,（2005）

＊7　前掲『ギフティッド　その誤診と重複診断―心理・医療・教育の現場から』

＊8　Piechowski, M. M., & Wells, C.（2021）. Reexamining overexcitability: A framework for understanding intense experience. In T. L. Cross & J. R. Cross（Eds.）, *Handbook for Counselors*

*Serving Students with Gifts and Talents*（2nd Ed.）. Routledge.

＊9　角谷詩織、梅川智子、亀山 亨、渡邉典子「小学1，2年生の創造性の量的・質的差異を捉える試み」『上越教育大学研究紀要』第36巻2号、２０１７年、３４７―３５６ページ

＊10　前掲『ギフティッド　その誤診と重複診断―心理・医療・教育の現場から』

＊11　Yu, C., Li, J., Liu, Y., Qin, W., Li, Y., Shu, N., Jiang,T., & Li, K.（2008）. White matter tract integrity and intelligence in patients with mental retardation and healthy adults. *Neuroimage*, 40（4）, 1533-1541. doi: 10.1016/j.neuroimage.2008.01.063

＊12　Ohtani, T., Nestor, P. G., Bouix, S., Saito, Y., Hosokawa, T., & Kubicki, M.（2014）. Medial frontal white and gray matter contributions to general intelligence. *PLoS One*, 9（12）, doi: 10.1371/journal.pone.0112691

＊13　Ackerman, C. M.（1997）. Identifying gifted adolescents using personality characteristics: Dabrowski's overexcitabilities. *Roeper Review*, 19（4）, 229-236. doi: 10.1080/02783199709553835

Miller, N. B., Silverman, L. K., & Falk, R. F.（1995）. Emotional development, intellectual ability, and gender. *Journal for the Education of the Gifted*, 18（1）, 20-38. doi: 10.1177/016235329401800103

Piechowski, M. M., & Colangelo, N.（1984）. Developmental potential of the gifted. *Gifted Child Quarterly*, 28（2）, 80-88. doi: 10.1177/001698628402800207

＊14　前掲 Piechowski, M. M., & Wells, C.（2021）

＊15　Wood, V. R., & Laycraft, K. C.（2020）. How can we better understand, identify, and support highly gifted and profoundly gifted students? A literature review of the psychological development of highly-profoundly gifted individuals and overexcitabilities. *Annals of Cognitive Science*, 4（1）, 143-165. doi: 10.36959/447/348

＊16　角谷詩織「教育心理学と実践活動——これからのギフティッド研究と実践の発展のために」『教育心理学年報』第62巻、２０２３年

【第五章】

＊1　前掲 Marland, S. P. Jr.（1972）

＊2　前掲『ギフティッド　その誤診と重複診断―心理・医療・教育の現場から』iii―ivページ

＊3　乙竹岩造『穎才教育』目黒書店、１９１２年

＊4　榊　保三郎『異常児ノ病理及教育法　教育病理及治療学』上巻、冨山房・南江堂書店、１９０９年
　榊　保三郎『異常児ノ病理及教育法　教育病理及治療学』下巻、冨山房・南江堂書店、１９１０年

＊5　南　真紀子「乙竹岩造と榊保三郎——『優秀児』教育の二つの論理」『慶應義塾大学大学院社会学研究科紀要』第65号、２００７年、55—67ページ

＊6　ジョン・ハッティ（著）、山森光陽（監訳）『教育の効果―メタ分析による学力に影響を与える要因の効果の可視化』図書文化社、２０１８年

＊7　南　真紀子「榊保三郎と『優等児』研究——明治・大正期の優秀児教育論解明への一端」『慶應義塾大学大学院社会学研究科紀要』第63号、２００６年、19—36ページ

＊8　前掲『異常児ノ病理及教育法　教育病理及治療学』上巻
＊9　前掲「榊保三郎と『優等児』研究――明治・大正期の優秀児教育論解明への一端」
＊10　同前
＊11　前掲「乙竹岩造と榊保三郎――『優秀児』教育の二つの論理」
＊12　森　重敏「優秀児」東京文理科大学内児童研究会（編）『特殊児童の心理』児童心理叢書V、金子書房、1948年、45―95ページ
＊13　森　重敏「優秀知能」波多野完治他（監修）、肥田野　直他（編）『現代教育心理学大系』第14巻〈特殊教育〉、中山書店、1958年、203―237ページ
　森　重敏「知的優秀児の特性に関する基礎研究（第1報告）――発達的特徴について」『教育心理学研究』第7巻3号、1959年、131―141ページ
　森　重敏「天才児」波多野完治、依田　新（編）『児童心理学ハンドブック』金子書房、1959年、791―836ページ
　森　重敏「知的優秀児の性格特徴に関する一研究」『東京家政大学研究紀要』第2集、1961年、77―84ページ
　森　重敏『優秀児の心理』日本文化科学社、1971年
　森　重敏「英才児」、菅野重道（編）『知的・身体的障害児』児童臨床心理学講座8、岩崎学術出版社、1971年、41―97ページ
　森　重敏「優秀児の追跡的研究――大阪市における抜群優秀知能児を中心として」、高木貞二（編）

『現代心理学の課題』東京大学出版会、1971年、288―303ページ
森 重敏「優秀児の追跡的研究――京都師範付属小学校『第2教室』を中心として」『人文学報 教育学』第93号、東京都立大学人文学部、1973年、143―179ページ
森 重敏「教育と研究の歩み40年を省みて」『人文学報 教育学16』第150号、東京都立大学人文学部、1981年、25―32ページ

＊14 森 重敏『わが国における優秀児の心理学的研究』風間書房、1972年

＊15 同前50ページ

＊16 前掲「優秀知能」205ページ

＊17 森 重敏、酒井 清『優秀児 その心理と教育』誠信書房、1963年

＊18 同前257―258ページ

＊19 同前259―260ページ

＊20 前掲『わが国における優秀児の心理学的研究』8ページ

＊21 大伴 茂『日本天才児の心理学的研究』弘文堂、1961年

＊22 同前

＊23 稲垣真美『ある英才教育の発見―実験教室六十年の追跡調査』講談社、1980年

＊24 前掲「優秀児の追跡的研究――京都師範付属小学校『第2教室』を中心として」

＊25 麻生 誠、岩永雅也（編）［オンデマンド版］『創造的才能教育』玉川大学出版部、1997年

【第六章】

*1 Bernstein, B. O., Lubinski, & D., Benbow, C. P.（2020）. Academic acceleration in gifted youth and fruitless concerns regarding psychological well-being: A 35-year longitudinal study. *Journal of Educational Psychology*, 113（4）, 830-845. doi: 10.1037/edu0000500

Steenbergen-Hu, S., Makel, M. C., & Olszewski-Kubilius, P.（2016）. What one hundred years of research says about the effects of ability grouping and acceleration on K-12 students' academic achievement: Findings of two second-order meta-analyses. *Review of Educational Research*, 86（4）, 849-899. doi: 10.3102/0034654316675417

Wardman, J., & Hattie, J. (2019). What works better than the rest? The impact of various curricula provisions for gifted learners. In B. Wallace, D. A. Sisk, & J. Senior（Eds.）, *The Sage Handbook of Gifted and Talented Education*（pp. 321-334）. SAGE.

*2 前掲 Wardman, J., & Hattie, J.（2019）

*3 ibid.（同前）

*4 ibid.（同前）

*5 Heller, S. G.（2018）. What works in gifted education? A literature review. Research Report 13. Centre for Education Economics

前掲 Wardman, J., & Hattie, J.（2019）

*6 Clark, R. E., Kirschner, P. A., & Sweller, J.（2012）. Putting students on the path to learning: The

case for fully guided instruction. *American Educator*, 36（1）, 6-11
　Kirschner, P. A., Sweller, J., & Clark, R. E.（2006）. Why minimal guidance during instruction does not work: An analysis of the failure of constructivist, discovery, problem-based, experiential, and inquiry-based teaching. *Educational Psychologist*, 41（2）, 75-86
＊7　前掲 Steenbergen-Hu, S., Makel, M. C., & Olszewski-Kubilius, P.（2016）
＊8　前掲 Wardman, J., & Hattie, J.（2019）
＊9　ibid.（同前）
＊10　ibid.（同前）
＊11　Hébert, T. P.（2020）. Designing classroom environments for social and emotional development. In T. P. Hébert（Ed.）, *Understanding the Social and Emotional Lives of Gifted Students*（pp. 421-451）. Prufrock Press.
＊12　前掲『わが子がギフティッドかもしれないと思ったら―問題解決と飛躍のための実践的ガイド』

**【第七章】**
＊1　前掲『ギフティッド　その誤診と重複診断―心理・医療・教育の現場から』

**【おわりに】**
＊1　前掲 Silverman, L. K.（2018）

＊2　前掲 Silverman, L. K.（2018）
＊3　http://roeperconsultationservice.blogspot.com/p/annemarie-roeper-method-sm-of.html
＊4　CHILD RESEARCH NET「障害より障碍の方が良いのか？」https://www.blog.crn.or.jp/chief2/01/54.html

## 初出一覧

春秋社ウェブマガジン「はるとあき」「ギフティッドの居場所をつくる――その理解と受容から」
第2回「すぐれていることと表裏一体の難しさ」
https://haruaki.shunjusha.co.jp/posts/4215
第3回「『ギフティッドは発達障害の一部』という誤解（1）」
https://haruaki.shunjusha.co.jp/posts/4301
第4回「『ギフティッドは発達障害の一部』という誤解（2）」
https://haruaki.shunjusha.co.jp/posts/4303
第5回「ギフティッドに必要な教育的配慮」
https://haruaki.shunjusha.co.jp/posts/4648
CHILD RESEARCH NET「知能検査とギフティッドの判定」
https://www.blog.crn.or.jp/report/02/296.html
教育心理学年報第62巻「教育心理学と実践活動――これからのギフティッド研究と実践の発展のために」

本書はこれらをもとに大幅加筆・修正を行った。

**角谷詩織**（すみや しおり）

上越教育大学大学院学校教育研究科教授。お茶の水女子大学大学院人間文化研究科博士後期課程修了。博士（人文科学）。専門は発達心理学・教育心理学。著書に『生活のなかの発達―現場主義の発達心理学』（新曜社・分担執筆）、訳書に『わが子がギフティッドかもしれないと思ったら―問題解決と飛躍のための実践的ガイド』（春秋社）、『ギフティッド　その誤診と重複診断―心理・医療・教育の現場から』（北大路書房・監訳）、『8歳までに経験しておきたい科学』（北大路書房・共訳）などがある。

# ギフティッドの子《こ》どもたち

集英社新書一一八八E

二〇二三年一一月二二日　第一刷発行

著者……角谷詩織《すみやしおり》

発行者……樋口尚也

発行所……株式会社集英社

東京都千代田区一ツ橋二-五-一〇　郵便番号一〇一-八〇五〇

電話　〇三-三二三〇-六三九一（編集部）

〇三-三二三〇-六〇八〇（読者係）

〇三-三二三〇-六三九三（販売部）書店専用

装幀……原　研哉

印刷所……大日本印刷株式会社　TOPPAN株式会社

製本所……ナショナル製本協同組合

定価はカバーに表示してあります。



ISBN 978-4-08-721288-4 C0237

Printed in Japan

a pilot of wisdom

ヘイトスピーチと対抗報道　角南圭祐
世界の凋落を見つめて クロニクル2011-2020　四方田犬彦
「自由」の危機 ——息苦しさの正体　藤原辰史／内田樹ほか
「非モテ」からはじめる男性学　西井開
妊娠・出産をめぐるスピリチュアリティ　橋迫瑞穂
マジョリティ男性にとってまっとうさとは何か　杉田俊介
書物と貨幣の五千年史　永田希
インド残酷物語 世界一たくましい民　池亀彩
シンプル思考　里崎智也
韓国カルチャー 隣人の素顔と現在　伊東順子
「それから」の大阪　スズキナオ
ドンキにはなぜペンギンがいるのか　谷頭和希
何が記者を殺すのか 大阪発ドキュメンタリーの現場から　斉加尚代
フィンランド 幸せのメソッド　堀内都喜子
私たちが声を上げるとき アメリカを変えた10の問い　和泉真澄／坂下史子ほか
「黒い雨」訴訟　小山美砂
差別は思いやりでは解決しない　神谷悠一

ファスト教養 10分で答えが欲しい人たち　レジー
非科学主義信仰 揺れるアメリカ社会の現場から　及川順
おどろきのウクライナ　橋爪大三郎／大澤真幸
対論 1968　笠井潔／絓秀実
武器としての国際人権　藤田早苗
小山田圭吾の「いじめ」はいかにつくられたか　片岡大右
クラシックカー屋一代記　涌井清春／金子浩久構成
カオスなSDGs グルっと回せばうんこ色　酒井敏
「イクメン」を疑え！　関口洋平
差別の教室　藤原章生
ハマのドン 横浜カジノ阻止をめぐる闘いの記録　松原文枝
なぜ豊岡は世界に注目されるのか　中貝宗治
続・韓国カルチャー 描かれた「歴史」と社会の変化　伊東順子
トランスジェンダー入門　周司あきら／高井ゆと里
スポーツの価値　山口香
「おひとりさまの老後」が危ない！ 介護の転換期に立ち向かう　上野千鶴子／髙口光子
男性の性暴力被害　宮﨑浩一／西岡真由美

## 教育・心理――E

a pilot of wisdom

## 哲学・思想——C

| | |
|---|---|
| 科学の危機 | 金森 修 |
| 悪の力 | 姜 尚中 |
| 生存教室 ディストピアを生き抜くために | 内田 樹／光岡 英稔 |
| ルバイヤートの謎 ペルシア詩が誘う考古の世界 | 金子 民雄 |
| 感情で釣られる人々 なぜ理性は負け続けるのか | 堀内 進之介 |
| 永六輔の伝言 僕が愛した「芸と反骨」 | 矢崎 泰久・編 |
| 淡々と生きる 100歳プロゴルファーの人生哲学 | 内田 棟 |
| 若者よ、猛省しなさい | 下重 暁子 |
| イスラーム入門 文明の共存を考えるための99の扉 | 中田 考 |
| ダメなときほど「言葉」を磨こう | 萩本 欽一 |
| ゾーンの入り方 | 室伏 広治 |
| 人工知能時代を〈善く生きる〉技術 | 堀内 進之介 |
| 究極の選択 | 桜井 章一 |
| 母の教え 10年後の『悩む力』 | 姜 尚中 |
| 一神教と戦争 | 橋爪 大三郎／中田 考 |
| 善く死ぬための身体論 | 内田 樹／成瀬 雅春 |
| 世界が変わる「視点」の見つけ方 | 佐藤 可士和 |
| いま、なぜ魯迅か | 佐高 信 |
| 人生にとって挫折とは何か | 下重 暁子 |
| 全体主義の克服 | マルクス・ガブリエル／中島 隆博 |
| 悲しみとともにどう生きるか | 柳田 邦男／若松 英輔 ほか |
| 原子力の哲学 | 戸谷 洋志 |
| 退屈とポスト・トゥルース | マーク・キングウェル／上岡 伸雄・訳 |
| 「利他」とは何か | 伊藤 亜紗・編 |
| はじめての動物倫理学 | 田上 孝一 |
| ポストコロナの生命哲学 | 福岡 伸一／伊藤 亜紗／藤原 辰史 |
| 哲学で抵抗する | 高桑 和巳 |
| いまを生きるカント倫理学 | 秋元 康隆 |
| 未来倫理 | 戸谷 洋志 |
| 日本のカルトと自民党 政教分離を問い直す | 橋爪 大三郎 |
| アジアを生きる | 姜 尚中 |
| サークル有害論 なぜ小集団は毒されるのか | 荒木 優太 |
| スーフィズムとは何か イスラーム神秘主義の修行道 | 山本 直輝 |